大活字本シリーズ

日曜日の歴史学

山本博文

《上》

埼玉福祉会

日曜日の歴史学

上

装幀　巖谷純介

はじめに

書店の歴史コーナーに行くと、多くの歴史書が刊行されています。しかし、歴史を学び研究する上で欠かせない方法論や基礎知識をコンパクトに書いた本はあまり見当たりません。そこで、歴史が好きな多くの人を対象に、研究へのアプローチ法や歴史分析の手法、時代小説の読み方、江戸時代の基礎知識などを書いてみました。

全体十講のうち、第一講では、江戸時代、隠居時代を豊かに過ごした五人の人物を事例に老後の人生を紹介していますが、本書は定年後の方だけを対象としているわけではありません。初めて歴史学を学ぼうとする学生や、仕事を持っていても歴史に興味がある社会人の方も対象としています。歴史など自分の専門以外のことを趣味にすることによって、豊かな人生が送れることが、これらの人物を通して見えてきます。

第二講では、インターネット上の歴史をめぐるやりとりを紹介しながら、歴史研究をどのように進めていけばいいかを解説します。近年のインターネットのコンテンツは、なかなかレベルが高いものがあります。こうしたものを利用する時に留意する点を中心に述べていきます。

第三講では、江戸幕府が作り上げた徳川中心史観や、武士と農民の関係を見ていきます。これまでの常識的な見方が、いかに誤ったものかがわかると思います。

第四講では、「元禄《げんろく》時代」などと年号で示される江戸時代の各時期が、どのような時代だったか、政治・社会・文化などを紹介しながら見ていきます。〇〇時代と聞いて、その時代のおおよそが想像できるようになれば、かなりの江戸時代通になったと言うことができます。

第五講では、多くの方が疑問に思っている「御三家・御三卿《ごさんきょう》」と「鎖国」について、疑問に答えていきます。

第六講では、幕府の大奥について見ていきます。フジテレビのドラマ『大奥』シリーズやNHK大河ドラマ『篤姫《あつひめ》』で一躍人気になった大奥。しかし、まだ大奥のことを誤解している人が少なくありません。

ここでは、大奥の制度と大奥女中について解説していきます。

第七講では、今後の地震災害に備えるため、過去の大震災のうち、宝永の大坂大地震と安政の江戸と東海の大地震の実態を紹介します。

第八講では、五編の時代小説を読みながら、小説の記述を理解する上で必要な知識を解説していきます。ここでは、幕府の役職、庶民の暮らし、旗本の暮らしなどがテーマとなります。

第九講では、藤沢周平氏が作った架空の藩である海坂《うなさか》藩を手がかりに、江戸時代の藩がどのようなものだったかを解説していきます。

第十講では、ケーススタディとして、日本史上、もっとも人気のある人物の一人である織田信長を取り上げ、信長研究の現状がどのようなものか、信長研究の基本史料である「信長公記」がどのような史料なのかを解説していきます。

本書は、独学で歴史を学ぼうとする人たちのものです。読者の皆さんには、この本を手がかりにして、是非、自分で文献や史料を探し、興味のあるテーマについて、史料に基づいて研究してもらいたいと思っています。そうしているうちに、自分なりの歴史観が身につくことになるでしょう。

日曜日の歴史学／上巻❖目次

第一講　江戸の人物に学ぶ隠居学

1　早期退職して人生の夢を実現する――神沢杜口《かんざわとこう》

❖与力という安定職に区切りをつけて

江戸時代の武士には、「家禄《かろく》」という代々保証された収入がありますが、勤務している時は自分の好きな仕事をするわけにはいきません。多くは親と同じような仕事をして現役時代を過ごします。

しかし、生まれた時から決められた道を歩むのは、つまらないものです。最初は勤務に励んだとしても、しだいに、現在の仕事のほかにもやりたいことが出てきます。お金のためだけに働くのが、嫌になる人もいるでしょう。

布施克彦氏は、『54歳引退論』（ちくま新書、二〇〇三年）という本の中で、商社マンを引退して文筆業に転身した自分の経験を書いています。布施氏は、四十代の頃から、自分の引退後の生活設計をたて、定年前に退職して年来の希望を実現したということです。

江戸時代にも、同じような武士がいます。

神沢杜口は、名を貞幹《さだよし》といい、宝永《ほうえい》七年（一七一〇）に生まれ、十一歳の時に京都町奉行所与力《よりき》を務める神沢弥十郎の養子となり、二十歳頃に家督を相続して養父と同じ職に就きます。

京都町奉行所の与力は、今で言えば京都市役所の管理職です。家禄は二〇〇石で、武士としては中の下というところですが、与力は役得も多いので、まず裕福な暮らしができたはずです。

杜口は、職務にも励みましたが、俳諧《はいかい》、芝居見物など趣味が多く、また世俗のさまざまな人や事件に興味がありました。

そこで、四十歳の頃に、病弱を理由にして家督を娘婿《むすめむこ》に譲り、隠居します。そして家禄の一部を自分の生活費として取り、娘夫婦とは同居せず、執筆活動に入りました。

杜口は、八十六歳で死ぬまで執筆活動に励み、二〇〇巻に及ぶ『翁草《おきなぐさ》』など多くの著作を残しました。この書物は、戦国大名あるいは将軍・幕閣《ばっかく》の逸話などを書いた書物を筆写して評論したり、当時起こったさまざまな事件などを取材して随想を付したものです。

すべてが杜口の業績であるわけではありませんが、歴史研究にたいへん有益な史料となっています。森鷗外の『高瀬舟』などの小説もこの書物に収録された逸話を素材にしたものです。

❖その後の人生にこそ

杜口は、『翁草』の中で、人生は芝居のようなものだと言っています。芝居はもとより「虚《うつろ》」ですから、終わると君臣関係や親子関係はなくなります。しかし、芝居であってもその役割を真剣に演じないと人の感動を呼ぶことができません。杜口によれば、人生は「実《まこと》にして虚《うつろ》なるもの」です。実である以上、現役の時の仕事には芝居以上に真剣に取り組まなければいけませんが、それだけが人生のすべてではありません。現役時代という芝居が終われば、また次の芝居が始まるのです。

つまり杜口の言いたいことは、現役時代の人生が終わった後に、また別の人生があるということなのです。現在の自分の人生を真剣に生きることは大切なことです。しかし、一つの芝居が終わっても人生そのものが終わったわけではありません。その後の「芝居」にこそ、本当にやりたかったことがあるのかもしれないのです。

2　隠居後に本当にやりたかったことを学ぶ——伊能忠敬《いのうただたか》

❖隠居後に始めた学問

若い頃、興味を持っていたことを仕事にするのはなかなか難しいものです。生活するためには、好きなことだけをしているというわけにはいかないからです。

江戸時代は、身分によって職業が決められていましたから、なおさらです。しかし、なかには、隠居後に、好きな道を極めた人がいます。

現在の千葉県佐原市で酒造業などを営んだ伊能忠敬です。

忠敬は、上総《かずさ》国山辺郡小関村（現在の千葉県九十九里町）の名主《なぬし》神保《じんぼ》家に生まれ、十八歳の時、佐原の旧家である伊能家の婿養子に入りました。当時、伊能家の家運は傾いており、忠敬は、その立て直しに全力を注ぎました。酒造業のほか、米穀の取り引きや薪《まき》問屋の江戸開設など、商才を発揮して、伊能家を立て直しました。佐原が、幕府領から旗本領になった後は、領主津田家から名主を命じられました。

生活にゆとりができるようになった忠敬は、数学や暦学を独習していましたが、公務が忙しく、なかなか好きな勉強にだけ専念することはできませんでした。三十九歳で妻を亡《な》くし、四十六歳で二度目の妻を亡くした忠敬は、隠居の望みを持つようになりました。

寛政《かんせい》六年（一七九四）、五十歳になった忠敬は、隠居して家を長男景敬《かげたか》に譲り、翌年には江戸に出て、深川黒江町（現在の東京都江東区門前仲町一丁目）に居を定めます。

そしてその翌年、幕府天文方高橋至時《たかはしよしとき》に師事しました。至時は三十二歳の若い学者で、大坂定番《じょうばん》同心という下級の幕臣でありながら、天文学者麻田剛立《あさだごうりゅう》に師事して天文学を修め、幕府天文方に登用されていました。当時の天文学は、暦の作成が主な目的でした。

江戸時代の日本では、貞享《じょうきょう》元年（一六八四）に初代天文方渋川春海《しぶかわはるみ》が貞享暦を作成し、宝暦五年（一七五五）に改訂していましたが、長い歳月のうちに狂いが生じており、その改訂が必要だったのです。至時は、初めて本格的に西洋天文学の導入をはかり、新しい暦を作りました。

❖研究の高みへ

忠敬は、至時から西洋天文学の漢訳書『暦象考成』を渡され、それを勉強していきました。難解な書物を学ぶうちに、忠敬にある発想が頭に浮かびました。子午線一度の長さを測れば、地球の大きさを計算することができる、というものです。

しかし、当時、日本国内を測量して歩くことなどできませんでした。そこで至時は、忠敬のため、その頃ロシアの南下政策に脅威を感じていた幕府に、蝦夷地《えぞち》の測量を行いたいと願い出ました。

寛政十二年（一八〇〇）、忠敬は、高橋至時の弟子という資格で、蝦夷地測量の旅に出ました。観測器具は自前、旅費もわずかな手当を除けば自費という条件でした。しかし、それまでの努力で経済力のあった忠敬には、それで十分でした。

忠敬が作製した東北地方と蝦夷地の地図は、たいへん正確なもので、幕府を驚かせました。国防上、全国の正確な地図を必要としていた幕府は、忠敬に、日本全国の沿岸の地図作製を命じました。忠敬の身分も、十人扶持《ぶち》の幕府普請役《ふしんやく》という幕臣に変わりました。十人扶持はわずかな給与ですが、彼の測量が幕府の後ろ盾を得たという点で、忠敬にとっては非常に意味のある身分でした。

こうして忠敬は、十七年間、十次にわたって全国測量を行い、『大日本沿海輿地全図《だいにほんえんかいよちぜんず》』『輿地実測録』などを完成させました。もっとも、忠敬は、これらの完成を待たず死去しましたが、完成まで喪は秘され、文政四年（一八二一）、これらは至時の子の景保《かげやす》から、忠敬の業績として幕府に呈上されました。

ただし、もともと忠敬の目的は、地球の大きさを計算することでした。彼が歩いた地点、地点で北極星などの位置を測り、山などを基準に位置を補正して出した数値は、子午線上の緯度一度が二十八里二分（一一〇・七五キロメートル）、子午線の距離（地球の外周）が一万一五二里（三万九八七〇キロメートル）というものでした。これは現在の測量値（理科年表による子午線全周）四万〇〇〇七・八八キロメートルとは約一三八キロメートルほどの誤差しかありません。

幼い頃からの望みを大切にし、隠居した後に学問を本格的に始めた忠敬は、ただ教えられることを学ぶだけではなく、自分の発想で当時としては最先端の研究を成し遂げたのです。誰にでもできるというものではありませんが、年をとってからでもこれほどの偉業をなしえた人がいることには励まされます。

人生は、生きるための仕事が終わればそれで終わりというわけではありません。生活がかかる壮年期の仕事には、どうしても制約がつきまといます。むしろ、隠居後の方が、自由な発想で仕事ができることもあるのです。もう一度、自分が真に望んでいた人生とは何だったかを考えてみてもよいのかもしれません。

3　働く老後も生き甲斐のうち──大田《おおた》南畝《なんぽ》

❖才あるも閑職の日々

江戸時代中期、狂歌や戯作《げさく》で名をなした大田南畝（直次郎）は、七
○俵五人扶持の幕府御徒《おかち》でした。

御徒は、御目見え以下だから御家人で、将軍が鷹狩《たかが》りなどで遠出する時は、御徒頭《おかちがしら》に率いられて警護にあたります。隅田川では、御徒の水練を将軍が上覧することもあり、御家人の中では比較的昇進ができる部署だとされました。

南畝は、十七歳の時、御徒に召し出されました。俸禄の七〇俵は、現在の貨幣価値になおすとせいぜい年収三〇〇万円というところで、しかも父吉左衛門が残した借金もあったので、生活は苦しいものでした。

南畝は、学問で身を立てたいと思っており、明和三年(一七六六)、十八歳の時、漢詩を作るための用語字典である『明詩擢材《みんしてきざい》』を刊行するなど、早熟の才能を発揮しています。しかし、しだいに狂詩や狂歌に興味を持つようになり、翌年、『寝惚《ねぼけ》先生文集』を刊行します。平《ひら》賀源内《がげんない》が序を寄せたこの本は、話題になります。

明和八年（一七七一）、二十三歳で結婚した南畝は、二十七歳の時、洒落本《しゃれぼん》の『甲駅新話《こうえきしんわ》』を書きます。これは、当時、盛り場として繁昌していた新宿の風俗を描いたものです。南畝は、貧乏と病気に苦しんでおり、潤筆料《じゅんぴつりょう》（原稿料）収入を得ようとしたのだとされています。南畝の文名はあがりますが、周囲の嫉妬《しっと》を受けたためもあって昇進することもなく、長く御徒を務めることになります。

転機となったのは、寛政四年（一七九二）、老中松平定信《さだのぶ》によって創設された学問吟味でした。旗本・御家人に儒学の試験を行い、人材登用に役立てようという制度です。

南畝は、寛政六年の第二回学問吟味において、御目見え以下の部で首席合格し、銀一〇枚を下賜《かし》されました。ちなみに御目見え以上では、有名な遠山の金さんこと遠山景元《かげもと》の父景普《かげみち》が首席でした。

二年後、南畝は、勘定奉行所の支配勘定の役を得ました。正規の職員の中では最下層ですが、足高《たしだか》三〇俵がつき、部下もいました。今で言えば、財務省の係長クラスの職です。四十八歳にして、初めて自分の能力を発揮できる場が与えられたのでした。

❖生涯現役の老後

寛政十一年（一七九九）、南畝は、文筆の才能を買われ、『孝義録《こうぎろく》』の編纂《へんさん》にあたりました。これは、毎日、昌平坂（湯島）にあった学問所に通い、親孝行の者や義人の行動をまとめる仕事で、翌年には完成し、褒美《ほうび》として白銀一〇枚を下賜されました。

その後、五十三歳の時、大坂銅座に、五十六歳の時、長崎奉行所に派遣され、会計監査の役目を果たしました。若い頃の文名のお陰で、大坂でも長崎でも南畝のもとには詩歌を求める多くの人が訪れました。

南畝は、六十歳になっても隠居するわけにはいきませんでした。子の定吉が病身で、孫に跡目を譲るまでは何としても勤めを続ける必要があったのです。

勤めに明け暮れる老後は大変なようにも思えますが、初老になるまで閑職にあった南畝にとっては、充実した毎日だったかもしれません。

南畝は、七十二歳頃まで役を務め、文政六年（一八二三）、七十五歳で没しました。孫の鎌太郎が元気で成人していたのはせめてものことでした。それぞれ事情はあるでしょうが、生涯現役というのも、老後の人生の一つの選択肢かもしれません。

4　町歩きの楽しみ――村尾嘉陵《むらおかりょう》

❖江戸の名残に随所で出会う

隠居後の趣味でなくてもかまいませんが、東京の町歩きは奥が深く、いろいろと楽しむことができます。たとえば、筆者がよく訪れる台東区池之端《いけのはた》の岩崎邸は、広い屋敷のベランダからテニスコートが二、三面取れるほどの庭が見下ろせ、三菱財閥の富がいかに巨大なものだったかがわかります。

また、江東区清澄《きよすみ》にある清澄庭園は、やはり岩崎家の別邸だったところで、大きな池に日本郵船の船で日本全国から集めた石が配置されています。この庭園は、もと江戸の豪商紀伊国屋文左衛門《きのくにやぶんざえもん》の屋敷だったとの説もあり、のち下総関宿《しもうさせきやど》藩久世家の下屋敷《しもやしき》をへて岩崎家の所有となります。

港区の浜離宮《はまりきゅう》恩賜公園は、将軍家の庭だったところで、一一代将軍徳川家斉《いえなり》は、旗本のうち顕職に任じた者を招き、園遊会を催しています。その日は、朝から集まり、庭に植えてある植栽の苗木を拝領したり、釣りをしたりと楽しいひとときが過ごせました。

後にこの庭には、幕府海軍の施設も併設されます。大坂城で没した一四代将軍家茂《いえもち》の遺骸《いがい》はここに着きましたし、鳥羽伏見の戦いで敗れた一五代将軍慶喜《よしのぶ》も、軍艦で江戸に逃げ帰り、ここで上陸しました。

ほかにも、駒込の六義園《りくぎえん》や東京ドームの隣にある後楽園など、大名庭園の跡は現在の東京にもたくさん残っています。

遠出をしなくても、往時をしのびながら散策を楽しむことができるのです。

❖散策の達人

江戸時代の武士にも、そういう散策が趣味だったという人がいます。

『江戸近郊道しるべ』（平凡社〈東洋文庫〉）という随筆を残した村尾

嘉陵（正靖）という清水家の家臣です。

清水家は、九代将軍徳川家重の子重好に始まる御三卿《ごさんきょう》という家柄です。嘉陵は、御広敷用人《おひろしきようにん》という「奥」の責任者で、それなりに忙しい職務を持っていましたが、非番の日には江戸近郊の神社仏閣を訪れていました。

『江戸近郊道しるべ』によると、嘉陵が最初に紀行文を残したのは、文化四年（一八〇七）、下総国国府台《こうのだい》を訪れた時で、朝早く浜町（中央区）の自宅を出、逆井の渡しを船で渡り、市川の関を越え、利根の渡しを渡り、国府台の総寧寺《そうねいじ》にいたっています。この寺の大門は、水戸光圀《みつくに》が建立《こんりゅう》したもの、などと嘉陵は書き留めています。

このように、目的地を決め、簡単な下調べをして歩くのがこつです。

文化四年は、嘉陵がまだ四十八歳の頃で、その頃は勤務が忙しくてなかなか遠出はできませんでした。しかし、文政二年（一八一九）には嘉陵も六十歳となり、それまでよりも足繁《しげ》く江戸郊外の散策に努めています。

文政十一年、六十九歳の時には、孫娘が生まれる前に安産のお札をもらった新曾《にいぞ》村（埼玉県戸田市）の妙顕寺にお札を納めに行き、天保四年（一八三三）には、珍しく一泊の予定で高幡不動《たかはたふどう》に参詣《さんけい》しています。この年、嘉陵は七十四歳でした。

高幡不動の隠居僧は、清水家に仕える奥女中の伯父でした。多摩地域には御三卿の領地があったので、江戸城大奥や御三卿の奥に勤める女性がいたのです。もちろん、奥勤めと言っても農民の出ですから御目見え以下です。隠居僧の姪もお半下《はした》（雑用係）で、垣里と名のっていましたが、宿下りをすれば奥勤めをした女性ということで良縁もあったのです。

嘉陵が食事を振る舞われ、風呂に入ったのちに酒を勧められて呑《の》んでいると、長谷川周助という者が夫婦でやってきて、同じ座で酒を呑むことになりました。聞くと、周助の子は幕府の四谷鉄砲坂同心（持《もち》筒《づつ》組の同心）を務め、妻のいくは八王子千人同心頭原半左衛門の妹で、清水家の老女梅津をよく知っており、たびたび清水家の奥にも行ったことがあるといいます。おそらく、そういうつながりもあって、話がはずんだことでしょう。こういう新しく出会った人との交遊も、散策の余録というものでしょう。

5　老後の健康――貝原益軒《かいばらえきけん》

❖三つの「楽」

現役の時はもちろんですが、定年後も健康は大切なことです。江戸時代の本草《ほんぞう》学者として名高い貝原益軒は、人間の楽しみとして、正しい行動をして善を楽しむこと、病なくして快く楽しむこと、命長くして久しく楽しむこと、の三点をあげています。

いくら富貴であっても、この三つの楽がなければ真の楽を得ることができない、というのが益軒の考えでした。生活するのに最低限のお金は必要ですが、お金を楽しく使うためにも健康と長生きは人生において大切なことです。
貝原益軒は、『養生訓《ようじょうくん》』の冒頭で、次のように述べています。

人身《じんしん》は至りて貴《たっ》とくおもくして、天下四海《てんかしかい》にもかへがたき物にあらずや。然《しか》るにこれを養なふ術《すべ》をしらず、欲を恣《ほしいまま》にして身を亡《ほろ》ぼし命をうしなふ事、愚《おろか》なる至り也《なり》。

〔現代語訳〕人の体はたいへん尊く、大切なもので、地球にも代え難いものではないだろうか。それなのに体を大切にする方法を知らないで、欲にふけって体を壊し命を失うことは、愚の骨頂である。

益軒は、ともすれば命を粗末に扱う武士社会の中にあって、命と健康の大切さを説いたのです。

「つねに道を以《もっ》て欲を制して楽しみを失なふべからず」というような益軒の議論を読むと、現代人にとっては、欲すなわち楽しみだという観念がありますから、楽しみを制限して退屈な余生を送ることを説いているようにも思えます。

しかし、益軒には、道を行うことが楽しみであるという信念がありました。現代風に考えれば、欲に翻弄《ほんろう》されてストレスを溜《た》めないように生きることを説いているのだと考えるべきでしょう。

『養生訓』には、物の食べ方や飲み方、身体の諸器官の働き、入浴などの仕方、病時の心得や医者の選び方など、さまざまなことが書かれています。

これをすべて実践するとすれば、かえってストレスが溜まってしまいます。しかし益軒は、ただ長生きするためではなく、老後の人生を楽しむために、健康の重要性を説いたのです。ここには、病弱だった益軒の思いを読みとることができるでしょう。読者は、自分に必要なことだけを取り入れてみればよいのではないでしょうか。

❖楽しむ智恵こそ一番の養生

益軒が楽しみとしたものの一つに、読書があります。

ほかの楽しみは、家族や友人がいないとできませんが、読書だけは一人で楽しむことができます。部屋の中にあって、天下四海の内を見、天地万物の理を知り、数千年の前を知ることのできる読書は、益軒の最大の楽しみでした。

これは現代にも通じます。むしろ現代は、益軒の時代とはくらべものにならない程たくさんの本が出版されており、しかも安価で楽しむことができます。益軒が、読書を好まないのは不幸だというのはもっともです。

もう一つ、益軒の楽しみがありました。それは旅行です。

益軒は、元禄十一年（一六九八）春には二十二歳年下の妻お初（東軒）を同伴して、一年半に及ぶ京都旅行を楽しんでいます。有馬温泉では、半月ほども湯治しました。神社仏閣や景勝地をめぐり、しかも温泉まで楽しんだのです。

この旅行は、益軒が六十九歳の時ですから、現代で言えばフルムーン旅行のようなものでしょう。こうした老年を楽しむ智恵こそが、一番の養生になるのではないでしょうか。

第二講　歴史愛好家から歴史研究者へ

1　インターネット上の疑問から

❖明石《あかし》藩主の幼児殺害事件

インターネットが誰にでも使えるようになって、歴史愛好者が自分の見解を発表できる場が広がりました。しかし、大学の史学科では、インターネットによって調べることは邪道とされています。書いた人が誰だかわからず、典拠のあやしいものが多いからです。

しかし、参考として使われることも増えました。大手出版社の校閲《こうえつ》部（書籍の校正を行う部）からは、しっかりとした文献による調査のほかに、インターネットの記載も参考として付けてくることも多くなりました。

インターネットの記事を検索してみると、物知りの歴史愛好家の回答が多いのですが、中には歴史研究者に匹敵するレベルの回答もあります。歴史研究者は、後に述べるように古文書などの文献史料をもとに研究していますし、研究の目的が歴史愛好家とは少し違うので、伝承やさまざまな知識については、インターネットを参照することも悪くはありません。ただし、それを鵜呑《うの》みにせず、自分なりに再調査することが大切です。

たとえば、次のような質問がありました。

○明石藩主・松平斉宣《なりのぶ》が行列を横切った幼児を殺害？

このような噂話《うわさばなし》があったことは事実でしょうが、「行列を横切った幼児を殺害した」のは史実ではないと思うのですが、教えてください。

Wikipedia「松平斉宣」の記事の一部です。

『甲子夜話《かっしやわ》』が記すところによると、斉宣が参勤交代で尾張藩を通過中に三歳の幼児が行列を横切ってしまった。斉宣の家臣たちはこの幼児を捕らえて宿泊先の本陣へ連行した。村民たちが斉宣の許《もと》へ押し寄せて助命を乞《こ》うたが斉宣は許さず、切捨御免を行って幼児を殺害してしまった。この処置に尾張藩は激怒し、御三家筆頭の面子《メンツ》にかけて今後は明石藩の領内の通行を断ると斉宣らに伝えた。このため明石藩は行列を立てず、藩士たちは農民や町人に変装して尾張領内を通行したという。

明石藩主松平斉宣（斉宣《なりこと》とも言う）は、江戸幕府第一一代将軍徳川家斉の二十六男（即日死去の三男を抜くと二十五男）で、親藩の明石藩に養子に入ります。暴君として有名で、池宮彰一郎氏脚本の映画「十三人の刺客」の明石藩主のモデルとなっています。最近リメイクされた「十三人の刺客」は、明石藩主の役を稲垣吾郎さん、明石藩家老を内野聖陽さん、十三人の刺客を役所広司さんらが演じています。ただし、映画では、明石藩主の名を松平斉韶《なりつぐ》としていますが、斉韶は斉宣の養父で明治元年まで生きています。

さて、先の質問にたいして、いくつかの回答が寄せられていますが、ベストアンサーに選ばれたのは、次のような回答でした。

この異常な無礼討ちは事実の可能性があります。

尾張家との確執について、明石藩の資料にありました。

十一代将軍家斉の二十五男の周丸が明石藩の養子となり、のちに斉宣藩主となった。六万石から八万石に加増された。(持参金ですか)

将軍の子が大名の藩主になると御三家へ挨拶《あいさつ》に行く慣例がある。

尾張家へ行ったところ、正門から通れるのは、十万石以上の大名に限るとの事で、側門から入らされしかも鄭重《ていちょう》な扱いを受けず、斉宣は大いに不満だったという。(同じ家康の血を曳く間柄なのにつれない扱いだ)

勿論《もちろん》参勤交代の話は載っていません。

供割《ともわり》をした幼児の処分を聞かれた斉宣は、あの時の屈辱を思い出し斬《き》れと命じたのかも知れません。

質問者は、明石藩の資料まで調べてもらった御礼を述べ、次のような指摘をしています。

松平斉宣が死去したのは弘化元年（一八四四年）です。

甲子夜話の著者松浦静山《まつらせいざん》が死去したのは一八四一年ですから、猟師が復讐《ふくしゅう》したという話は、「甲子夜話」に後年付け加えられた作り話だと思っています。

猟師が大名行列の駕籠《かご》に向かって発砲し、城持ち大名を射殺したという筋書きだから驚きです。

回答者は、「明石藩の資料」を調べて答えたようですが、どのような資料を調べたのかを書いていないので、真偽が判定できません。斉宣は家斉の二十六男ですから、当時の尾張藩主徳川斉温《なりはる》（家斉の十九男）の弟になります。斉宣が尾張藩邸を訪れたとしたら、兄弟だからでしょう。尾張家が、将軍の子供で藩主の弟にあたる斉宣を邪険に扱うとは思えないので、あまり筋のよい資料ではないようです。研究上では、こうした回答をする場合、自分で何を調べたのか、その「資料」名をあげる必要があります。そうすれば、それを読んだ人も、その言い伝えの真偽を検証することができます。引用文献を明示するというのが、歴史研究の第一歩です。

❖明石藩参勤交代行列の謎《なぞ》

さて、質問者は、斉宣が死去した年に注目しています。これはたいへん鋭い指摘です。

徳川家一門の系図は、『徳川諸家系譜』第一～第四に収録されており、越前家支流である明石松平家は第四で調べることができます。調べてみると、斉宣の没年は、確かに「弘化元年五月十日卒、二十歳」となっています。『甲子夜話』を書いた松浦静山の死去は天保十二年（八十二歳の長寿でした）ですから、斉宣は幼児殺害事件とは何の関係もないことになります。

そこで、『甲子夜話』の記述を見てみましょう。

明石侯《こう》旅行の状を見しに、駕廻従士《かごまわり》の輩《ともがら》、皆脇指一刀のみ帯《お》び、半てん、股引《ももひき》にて野服の体《てい》なり。その陪僕《ばいぼく》は、侯の槍《やり》馬の後より、各《おのおの》その主の刀を革袋に納《い》れてかつぎ群れ行く。

〔現代語訳〕明石侯の参勤交代の状況を見たところ、駕籠の周囲を警護する者は、みな脇差一刀のみを差し、半てん股引という野服姿である。その家臣は侯の槍・馬の後から、それぞれその主人の刀を革袋に納めかつぎ群れて歩いていく。

これを読むと、尾張藩と明石藩には何らかの確執があり、明石藩は尾張藩領内の街道を参勤交代の行列を立てて行くことができなかったことがわかります。

明石藩主の幼児殺害事件は、さきほどの Wikipedia「松平斉宣」の記事に載っている通りのもので、おそらく出典は、三田村鳶魚《みたむらえんぎょ》氏が「帝国大学赤門由来」(『三田村鳶魚全集』第一巻、中央公論社、一九七六年)の中で書いている話です。斉宣が猟師源内に鉄炮で撃たれて死んだのは、弘化元年(一八四四)、木曾路での出来事だとしています。

私も、『参勤交代』（講談社現代新書、一九九八年）という著書の中で、三田村氏の本を引用したことがあります。五街道は幕府が管轄《かんかつ》する「天下の大道」ですが、参勤交代する大名は、領内に街道が通る藩に挨拶しなければなりません。私が幼児殺害事件を取り上げたのは、街道で参勤交代の行列を横切った者を無礼討ちしたとしたら、藩同士の紛争に直結する、ということが言いたかったためです。

この話は、少しできすぎた話だとは思ったのですが、「江戸学の大家」と言われる三田村氏が書いていることであり、『甲子夜話』にも関連する記事が載っているので、似たような事件があったのだろうと思っていました。

しかし、質問者が指摘するように、斉宣の没年から考えて、この話はそのままでは成り立たないものです。私も、引用する時、もう少し調べておく必要がありました。

ほかにネットの回答では、明石藩の無礼打ちの伝承が四件、天保年間の松平斉宣のものが二件あるということです。その中で、静岡県三島市の言成《いいなり》地蔵尊の祠《ほこら》の案内板が紹介されています。

それによると、貞享《じょうきょう》四年（一六八七）、三島二日町の尾州藩の浪士、尾張屋源内の娘小菊（当時六歳）が播州《ばんしゅう》明石の城主松平若狭守《わかさのかみ》直明の行列を、向こう側の母親の方へ行きたくて横切ったということです。直明は、宿場の人たちの命乞いにも、泣いて詫《わ》びる幼女の悲鳴にも耳をかさず、幼女を斬り殺しました。元尾張藩の砲術の名手だった父親の源内は、娘の仇を討とうと箱根山中塚原新田で待ち伏せ、大名の駕籠に発砲します。しかし、その駕籠は、家臣の機転によって空でした。哀れな幼女の死を悼《いた》んだ村人は、大名の言いなりに斬られたことから言成地蔵尊として祀《まつ》った、ということです。

こちらの話は、仇が討てなかったことになっています。こういう話は、典型的な伝承で、普通は史実ではありません。

❖明石藩主幼児殺害事件の新史料

それでは、明石藩主が幼児を斬ったという話は、伝承に過ぎないのでしょうか。私は、『参勤交代』を書いたあと、幼児殺害事件の真偽が気になるようになり、関係史料を探していました。そして、最近になって新しい史料を見つけました。寛政改革期に、老中首座松平定信の家臣水野為長《みずのためなが》が収集した江戸城や江戸市中の噂話を集めて定信に報告した『よしの冊子《ぞうし》』です。

この史料には、当時の火付盗賊改《ひつけとうぞくあらため》・長谷川平蔵の言動なども収められていてたいへん面白いうえに、同時代人が書いたということで、史料の質もよいものです。その中に、次のような記述があります。

明石侯道中ニて狩人を切捨《きりすて》ニ被致候処《いたされそうろうところ》、右狩人之倅《せがれ》、翌朝山間ニ隠れ居り、明石侯をねらひ、一《ひ》ト《と》鉄炮ニて打殺《うちころし》候由。比節一般ニさた仕《つかまつり》候よし。

〔現代語訳〕明石侯が、参勤道中で、猟師を切捨にしたところ、その者の倅が、翌朝山間に隠れていて、明石侯をねらい、鉄炮の一撃で撃ち殺したということです。これは、近ごろ世間で噂されているということです。

この記事は、寛政四年（一七九二）八月頃のものです。この頃に、明石藩主が、参勤道中で狩人を斬り、狩人の息子に鉄炮で撃ち殺された、という噂が確かにあったことがわかります。

もともと仇討ちとは、親や兄など尊属を討たれた時に行うもので、当時の観念では子供には適用されません。娘を殺されて仇を討つというのは、現代人にはわかりやすいことなのですが、江戸時代では「仇討ち」とは認定されず、法的な適用もされません。もとより仇討ちは、武士以外には許されていませんが、子が親の仇を討つというのは、当時の人の観念に沿うものだったでしょう。

明石藩の家譜を調べると、寛政四年当時の明石藩主は松平直周《なおちか》で、天明六年（一七八六）六月七日、十四歳で家督を継いでいます。彼は、寛政二年五月、初めて領地に帰る暇を与えられ、翌年二月、領内を巡検しています。その後、領地から江戸に参勤し、江戸で新発田《しばた》藩主溝口亀次郎直侯《なおよし》の妹と祝言をあげています。

この年に十九歳ですから、この直周が死んでいれば、猟師を切捨にした藩主ということになりますが、直周はその後も長く生き、文政十一年（一八二八）四月二日、江戸高輪《たかなわ》の下屋敷で没しています。享年《きようねん》五十六でした。

藩主の事跡から見ると、『よしの冊子』に書き留《と》められた噂も事実無根と言わざるをえません。江戸時代後期は、さまざまな情報が行き交っていました。そういう情報を集めることが好きで、逐一書き留める文化人も少なくありません。当時、勘定奉行で、のち町奉行を務めることになる根岸鎮衛《ねぎしやすもり》もその一人で、その書き留めは今『耳袋《みみぶくろ》』と題して伝わっています。

こう考えると、松浦静山の『甲子夜話』も、自分や周辺のことを書いた部分は信頼できますが、世間で流れていた噂を書き留めた部分は、確かな史実とは言えなくなります。世の中にあふれるさまざまな情報を、裏も取らずに書き留めていますから、どうしても「ガセネタ」も入ってくるわけです。前に紹介した『甲子夜話』の記述も、静山が見たわけではありませんから、まったく事実無根のものだったかもしれません。

❖噂の背後にある史実

しかし、私は、当時、このような噂が実際に流れていたことがどうしても気になります。もちろん、まったくとるに足らない噂もあるのですが、当時の人々は驚くほど情報通で、まったく火のないところに煙は立たないとも言えます。

そこで、明石藩の家譜をもう一度よく調べてみると、直周の兄直之《なおゆき》が二十歳で死んでいます。直之の事跡を見てみましょう。

直之は、明石藩主松平直泰《なおひろ》の子として明和四年（一七六七）十一月十九日、半蔵門外の屋敷で生まれています。童名は直松で、安永六年（一七七七）正月十一日、着甲初の儀《ちゃくこうはじめ》を行って直之と名づけられます。天明四年（一七八四）二月七日、嗣子となり、同年四月朔日、初めて将軍に拝謁《はいえつ》します。

この年十月十日、父直泰が致仕《ちし》し、直之が家督を継ぎます。それまで左兵衛佐《さひょうえのすけ》を名乗っていた直泰は若狭守に官名を改め、直之が左兵衛佐を名乗ります。

そして、天明六年四月十四日、直之は、半蔵門外の屋敷で亡《な》くなります。享年二十でした。

これを見ると、直之が参勤交代で猟師を殺害することはできないはずですが、天明四年十月に家督を継いでから、天明六年四月に死ぬまでに、一年半の空白があります。

普通、家督を継げば、新藩主として「御国入り」をします。嫡子《ちゃくし》はそれまで江戸で暮らしていますから、初めて領地に行くわけです。直之の場合、父が存命で家督を継いでいるわけですから、健康上の問題があったとは思われず、当然、御国入りをしていたはずです。

御国入りを、通常の参勤交代に従って天明五年四月頃に行ったとすれば、一年を国元で過ごし、翌六年四月に江戸に出てくることになります。そして、その四月十四日に直之は死んでいるわけです。

これから考えれば、直之が参勤交代の道筋で、何らかの事情で行列の前を横切った猟師を斬り捨て、翌日、鉄炮で撃たれた、ということもありえない話ではありません。直之は重傷を負っていて、江戸に到着してから死んだとも考えられますが、その場で死んだとしても、生きていることにして遺骸《いがい》を駕籠で江戸まで運び、しばらくしてから病死と届けたでしょう。これは、江戸時代ではよくあることです。

まだ分別のつかない幼児が参勤交代の行列を横切ったとしても、さすがに斬り捨てることはないでしょう。捕らえられたとしても、地元の者が助命を嘆願するでしょうし、家老たちも諫言《かんげん》したはずです。しかし、猟師なら鉄炮を持っている可能性があり、行列を守る藩士がその場で斬り捨ててしまうこともありうる話です。

こうした話は、封建領主の横暴を強調するものになりやすく、狩人よりも幼児の方がより納得できるので、殺されたのが幼児にされたのかもしれません。あくまで想像ですが、直之が猟師を斬り、その息子に鉄炮で撃たれ死亡した、それがしばらく後に明石藩主夭逝《ようせい》の真実として噂された、ということはまったく荒唐無稽《こうとうむけい》な話ではなかった可能性があります。

こうした謎《なぞ》めいた事件は、おそらくいくらでもあるでしょう。歴史書を読んでいて何かに興味を持った時は、その本に引用されている史料を、自分なりに調べてみてください。調べるべき疑問を持つこと、これが歴史研究の第一歩で、次が史料の探索です。

歴史の真実を追究したり、歴史を身近に感じるためには、史料を読むのが一番の近道です。史料のうち、歴史家が一番重視するのは、その時点で書かれた古文書や日記です。

古文書はたった一通で新しい歴史像を提出できることもあります。

しかし、それは、関連する何千、何万という古文書の中から探してくるものです。

歴史愛好家の方にお勧めしたいのは、過去の人物の日記を読むことです。有名無名を問わず、歴史上に存在した人が書いた日記は新しい歴史を描く上での根本史料です。次節では、その中のいくつかを紹介しながら、江戸時代の日記の世界を解説していきます。

2　江戸時代の日記の世界

❖元禄御畳奉行の日記

歴史学では、日記は「記録」と言い、古文書とならぶ一次史料として重要視されています。後世に成立した編纂物《へんさんぶつ》や系図、軍記、あるいは聞書や随筆に比べ、その時代、その事件の当事者が書いたものであることが、高く評価されているのです。

江戸時代史においても同様ですが、第二次世界大戦後の学界では、農村に残された古文書はよく研究されましたが、当時の研究関心は社会構造の分析にあったので、個人や組織が残した日記は研究対象として正面から取り上げられることはあまりありませんでした。

もちろん、江戸時代に生きた個人の日記は、吉川弘文館から刊行されている人物叢書《そうしょ》のような書籍には、当然、基本史料として利用されています。ただ、無名の日記の記主その人を主人公として書かれた本は、長い間、登場しませんでした。

こうした状況を変えたのが、小説家である神坂次郎氏による『元禄《げんろく》御畳奉行《おたたみぶぎょう》の日記――尾張藩士の見た浮世』（中公新書、のち中公文庫、一九八四年）です。

神坂氏は、元禄期の尾張藩士朝日文左衛門重章という一〇〇石取り、役料四〇俵の中級武士の日記『鸚鵡《おうむ》籠中記《ろうちゅうき》』を素材に、文左衛門という、武士としてどうかと思われるような人物像や元禄期の弛緩《しかん》した世相を生き生きと描き出しました。

文左衛門は、この本の帯に書かれた「元禄に生きた酒好き女好きのサラリーマン武士が無類の好奇心で書きのこした稀有《けう》の日記をもとに当時の世相を生きいきと再現する」という文章通りの武士だったのです。

文左衛門は、最大の愉《たの》しみが人目を忍んで芝居を見ることだったり、博打に熱中してずいぶんと負けたり、女中に手を出して女房の嫉妬《しっと》に悩まされたりと、なんとも情けない武士です。御畳奉行として公用で出張した時には、業者に接待を受け、ほとんど仕事らしい仕事もせず、観光や美食にうつつを抜かしています。

文左衛門だけではなく、彼が日記に書き留めた武士には、「武士の魂」とも言われる刀を置き忘れた者や、夫が参勤交代で留守をしている妻女に手を出したりといった者が多く登場します。

武士の時代も、今のサラリーマンと似たようなものだったのかと思うような武士像を描いたこの本は、ベストセラーとなりました。そして、これ以後、日記を素材とした歴史書が、いわば一ジャンルを形成するまでになるのです。

❖江戸藩邸の日記

次いで話題になったのは、個人の日記ではなく、藩の日記や日記を元にした記録を駆使して江戸時代の武士のあり方を描いた氏家幹人氏の『江戸藩邸物語――戦場から街角へ』(中公新書、一九八八年)です。この本の帯には、「平和の時代を迎えた武士社会の悲喜劇を写す藩邸日記の世界」と、日記を素材にしたことに注意を喚起しており、『元禄御畳奉行の日記』を連想させようとしていることが感じられます。

しかし、著者は、小説家ではなく歴史学者ですから、武士を安易にサラリーマンにだぶらせて描くことはせず、武士の置かれた非常に困難な立場を描き出すことによって、従来の武士理解を一変させました。

たとえば、道を歩いている時、逃げる者に遭遇し、追う者が「頼む」と声を掛けたとします。武士としては、頼まれたからにはその者を捕らえなければなりません。そうしないと、臆病《おくびょう》だとされる可能性があるからです。

しかし、「頼む」と言われて斬り殺したところ、追っている者も姿を消して殺人の罪に問われたり、斬ってくれとまでは頼んでいない、と開き直られたりする可能性もありました。

そのため、「心得たり」と声をかけ、逃げる者を追っているふりをしてその場から逃走したり、聞こえないふりをするという対処法があったと言います。氏家氏は、「臆病」との評判を得た武士の哀れな末路を数多く紹介することで、そうした武士らしくない行動にも、その時代なりの合理性があったことを明らかにしたのです。

氏家氏の本が出た翌年には、小説家の小松重男氏によって『幕末遠《おん》国奉行《ごくぶぎょう》の日記――御《お》庭番《にわばん》川村修就《ながなり》の生涯』（中公新書、一九八九年）が書かれています。この本は、川村修就という御庭番家筋から新潟奉行に抜擢された幕臣の生涯を描いたもので、いわば従来の人物伝を踏襲する古典的な書き方の本です。御庭番の職掌や新潟奉行としての川村の活動が丹念にまとめられています。

❖江戸お留守居役《るすい》の日記

その頃、私は、三代将軍家光時代の政治史を研究対象としていました。全国的に関係史料を捜索していたところ、山口県文書館で、萩藩（長州藩）留守居役福間彦右衛門の役務日記である『公儀所日乗《こうぎしょにちじょう》』という史料に出会いました。

この史料は、寛永期の幕藩関係研究の上での超一級史料でした。そこで、幕藩関係において重要な位置を占める大名留守居役の職務やそれに従事した福間彦右衛門就辰《なりたつ》という人物を紹介するため、『江戸お留守居役の日記——寛永期の萩藩邸』（読売新聞社、一九九一年）という本を書きました。

留守居役とは、大名家の家臣で、幕府や他大名との連絡を担当します。江戸時代中期以降は、諸家の留守居役の間で組合を作り、高級料亭で寄合を開くなど、弊害も多いものでした。しかし、江戸時代初期は、まだ組合はなく、それぞれの留守居役の努力で情報収集を行い、老中や他家の留守居役と折衝を重ね、藩の存続のために働いていました。

たとえば、藩の江戸屋敷が手狭になった時、新規の屋敷獲得を幕府にどのように交渉するのでしょう。福間は、幕府の「屋敷奉行」を訪ね、その方法の助言を受けます。「屋敷奉行」は、書院番士の兼任でした。

彼によれば、幕府の方針は、大名の拝領屋敷は上《かみ》・中《なか》・下《しも》の三カ所まで、ということになっていました。したがって、現在の狭い中屋敷を返上し、新規の屋敷下賜《かし》を望めばよい、と教えられました。こうして獲得したのが、現在は東京ミッドタウンとなっている六本木の中屋敷でした。このような留守居役と旗本の裏のつながりも、この本で明らかにした重要な事実です。

慶安四年（一六五一）七月、幕府への反乱未遂事件である由比正雪《ゆいしょうせつ》の乱が起こります。長州藩には、由比正雪の弟子が大勢いました。福間は、老中松平信綱から一味の熊谷三郎兵衛という者が中屋敷にいるという情報を告げられ、その捜索にあたりました。結局、熊谷は自害しており、福間はその旨《むね》を信綱に報告しましたが、この間、福間はほとんど不眠不休で事にあたっていました。

日記を見ると、福間は、休日というものをとっていません。どの日にもなんらかの仕事があり、精力的に働いていました。その姿は、まさにバブルの時代の二四時間働くビジネスマンに重なるものがありました。

この本の意義は、それまでほとんど存在すら知られていなかった留守居役の実態を明らかにしたことにあると思いますが、会話に至るまで史料的根拠を持つことも特徴の一つです。福間は、誰々がこのように言ったので、自分はこう答え、相手がこう言った、というように、会話まで再現して書いています。それを現代語訳をまじえて紹介したのです。それまでは、小説家によって適当に創作されていた会話を、史料に基づいて紹介することによって、江戸時代の音声の世界にまで踏み込むことになりました。

これらの本が出たことによって、日記を素材として歴史を描くことがいっそう注目され、以後、ほとんど知られていない日記であっても、それを素材として本が書かれるようになりました。

❖小松藩会所日記

増川宏一氏の『伊予《いよ》小松藩会所《かいしょ》日記』（集英社新書、二〇〇一年）は、わずか一万石の小藩伊予小松藩の家老の日記を素材にしたものです。

小松藩は、もと豊臣秀吉に仕えた一柳《ひとつやなぎ》直盛の三男直頼が立てた藩で、世襲家老一人と数人の奉行の合議によって藩政が執られていました。その役所が「会所」で、会所日記は代々の家老によって書き継がれました。

一万石の小藩であるため、会所日記には、領民のさまざまな事件が書き込まれています。不倫事件や駆け落ち、喧嘩《けんか》、訴訟などです。

おもしろいのは、小藩の台所事情です。藩主の母親かあるいは側室と思われる知光院という身分の高い女性は、箸置《はしお》きをたくさん製作し、女中が灸治《きゅうじ》などに出る時、町の商店に卸し、売っていたといいます。

この噂を聞いた藩当局は、女中を尋問して事実をつかみ、知光院から製作した箸置きや鋏《はさみ》に柄を付けた小刀、売り上げの銀子などを没収しています。小藩ともなると、こんなことまでしていたのかというのが驚きでした。

参勤交代は、小藩にはずいぶんな負担でした。小松藩の参勤交代は総勢一〇〇人ほどの行列になりますが、藩士はそのうち三〇人にすぎません。しかし、それでも全藩士の半分ほどになります。

旅費は藩財政の半分に及び、藩内の有力商人や庄屋などに借り入れをしたり、上納金を徴収しました。また、国元からは、味噌や醬油、梅干し、塩魚などが送られています。江戸での生活費を少しでも節約しようとしたものでしょう。小藩の苦労がしのばれます。

❖旗本夫人の日記

深沢秋男氏の『旗本夫人が見た江戸のたそがれ――井関隆子《いせきたかこ》のエスプリ日記』（文春新書、二〇〇七年）は、井関隆子という旗本の妻の日記を素材にしたものです。

井関家は、御小納戸《おこなんど》衆や御広敷《おひろしき》用人（大奥の事務を担当する役人）など中奥《なかおく》に勤める役人を多く出しており、隆子の夫、親興の先妻の子親経も広敷用人を務めたことから、隆子は表向きの政治の内部情報も聞くことができ、また将軍家の内情を知る上でも興味深い記事が散見されます。

時代は、老中首座水野忠邦《ただくに》によって天保《てんぽう》の改革が推進されていた頃です。日記によれば、水野はいろいろと悪い評判がありましたが、この頃は並ぶ者がないほど権勢を握っていました。

しかし天保十四年（一八四三）閏《うるう》九月十三日、水野は、「勝手向きゆき届かざることども」があって罷免《ひめん》されます。つまり、財政面での失策を理由に辞めさせられたのです。おもしろいのは、翌日、西の丸下の水野邸に群衆が詰めかけ、口々に罵《ののし》り騒ぎ、大きな石を屋敷に投げ込みますが、将軍家慶《いえよし》が、それを城内の庭の高い所から見ていたという事実です。

当然、集まったのは、江戸の下層民です。しかし、鎮圧に出動した役人たちも、心の中ではいい気味だと思っていたようで、暗闇《くらやみ》にまぎれて群衆に交じって石を投げる者もいたのだといいます。

また、大奥に火災が発生した時の記述も精彩を放っています。親経が広敷用人を務めていたため、大奥に入って女中たちを誘導して避難しました。しかし、広敷用人という留守居役に次ぐ大奥の重要役人であっても、それまで大奥内に入ったことがなく、通路がわからず苦労したといいます。この時は火の回りが早く、出口が火の海となって、多くの女中が犠牲となりました。

大奥では、なぜか「火事だ」と騒ぐことが禁止されていたといいます。そのため、本当に火事が起こったのにただ騒ぐだけだったため、門を開ける者もなく、多くの犠牲者が出たのです。火は、倒れた建物の中で五、六日も燃え続け、遺骸の骨も灰になりました。大奥では、縁者たちの求めにさすがに何もないとは言えず、砕けた骨を少しずつ渡しました。

重要な役職に就いていた旗本の妻の日記だけに、他の日記に例のない記事も多く、たいへん興味深い本になっています。ちなみに、現在は品切れですが、この日記の翻刻『井関隆子日記』全三巻（勉誠社、一九七八〜八一年）を刊行したのは深沢氏です。

❖熊本藩郡代の日記

吉村豊雄氏の『幕末武家の時代相――熊本藩郡代中村恕斎《じょさい》日録抄』上・下（清文堂、二〇〇七年）は、熊本藩郡代中村恕斎の日記を素材にしたものです。

諸藩で「地方支配」にあたる郡代の日記をもとに書かれたものもあります。「地方」は「町方」と対をなす言い方で、「ちほう」ではなく「じかた」と読みます。藩の農村部のことです。

江戸幕府の職制にある「郡代」は、関東や美濃《みの》などにある広大な幕領を治める代官を言いますが、熊本藩の郡代は、地方支配の責任者である郡《こおり》奉行の下に位置する役職です。他の藩で代官と言われる者と同じだと考えていいでしょう。中村恕斎は熊本藩の藩校である時習館の訓導助勤を長く務め、四十六歳の時、郡代に抜擢されました。教壇から行政の第一線に転じたのです。

この郡代は、さほど高い役職ではありません。しかし、藩領を治め、年貢《ねんぐ》を徴収するという重要な任務を担《にな》うだけに、有能な藩士が任じられました。藩の行政は、藩中央の奉行所で行っているような印象がありますが、藩の地方行政は、郡代が、惣庄屋《そうじょうや》（郡と村の中間行政区域である手永《てなが》の長）や村の庄屋などと連携して行っていたのです。堤防を作ったり、用水を引いたりする時には、郡代が奉行所の担当部局と交渉して予算を獲得し、実現しました。

予算獲得と言っても、熊本藩ではそれが下賜されるわけではなく、あくまで藩からの融資でした。この資金は、受益者である村々が、年賦返済しなければならなかったのです。しかし、こうした公共事業をおこすには、まずお金が必要です。そのために、郡代は、村の立場を代弁して交渉したのです。

こうした地方行政は、郡代だけでできることではありません。郡代は、地元の有能な若者を物書などとして登用しました。かれらは、のちに、郡代手附《てつき》横目《よこめ》・山《やま》支配《しはい》役・惣庄屋といった手永の三役などに成長していきます。つまり、仕事のできる中級藩士と村の有能な若者によって、地方行政が担われていたのです。こうした藩の地方行政の実態を明らかにしたことは、研究史の上でも貴重な成果です。

それだけではありません。この日記は、弘化二年（一八四五）から明治三年（一八七〇）まで、二十六年間にわたって書き継がれていますから、重要な政治的事件に関する記事もあります。

たとえば、文久二年（一八六二）三月二十二日から二十四日にかけての薩摩藩国父島津久光《ひさみつ》の率兵上京の時のことです。熊本藩では、対処をめぐって激論が繰り広げられました。尊皇攘夷《じょうい》派の主張に同調して熊本藩も京都へ軍勢を派遣するか、もう少し時局を見守るかという対立です。一門や家老の考えが軍勢派遣に傾く中で、恕斎は、一門の有力者細川刑部《ぎょうぶ》に呼ばれ、藩主慶順《よしゆき》（のち韶邦《よしくに》）の帰藩を待つよう説得したりもします。幕末政治史ではほとんど触れられない地方の動きが、こうした日記に書き留められているのです。

これまで見てきた日記は、記主の居所はもちろんのこと、地位や役職もさまざまです。そして、そのことが、江戸時代の多様なあり方を現代に甦《よみがえ》らせ、我々に鮮明に示してくれます。これらの日記を読むと、全国あらゆる場所で、さまざまな身分・役職の人間がいて、精一杯生きていることがわかります。

現代にまで残された日記は少ないとはいえ、それでもそれらを全部読むことは研究者でも困難です。その意味でも、こうした日記を読み込んで書かれた本は貴重です。ここで紹介した本は、江戸時代の日記の世界に足を踏み入れるまたとない参考書です。

（初出：「日記で読む武士の真実」『小説新潮』二〇〇八年四月号）

第三講　固定的な歴史観念から離れる

1　徳川中心史観を相対化する

❖小牧長久手《こまきながくて》の戦い

江戸時代を研究する上での基本史料は、幕府が編纂《へんさん》した『徳川実紀』です。正確には、「東照宮御実紀」「台徳院殿《たいとくいんでん》御実紀」など、歴代将軍ごとの「御実紀」をまとめて一書にした『徳川実紀』と『続徳川実紀』が、「国史大系」というシリーズの一つとして吉川弘文館から刊行されており、それを『徳川実紀』と呼んでいるということです。

この編纂史料は、出典なども掲載されていて信頼できるものですが、当然、もとの史料を編纂者が解釈してまとめたり、省略している部分もあるので注意が必要です。また、家康の頃の記述は、家康の行動を正当化しているため、史実が歪曲《わいきょく》されている箇所も目立ちます。ここでは、家康と秀吉の決戦として有名な「小牧長久手の戦い」の記述を事例に、考えていきます。

天正十二年（一五八四）四月九日、いまの名古屋市郊外にある長久手市において、秀吉と家康の直接対決が行われました。もっとも秀吉は、長久手に甥《おい》の秀次を総大将として派遣しており、戦ったのは秀次と家康です。

この戦いで家康が勝利したことから、家康は、秀吉に服属した後も特別な地位を認められたとされています。『徳川実紀』を見ると、長久手で敗戦したことを知り大軍を率いて現地に出張した秀吉は、家康がすでに小牧山に引き返していることを知り、次のように言ったとされています。

誰か徳川を海道一《かいどういち》の弓取とはいひしぞ。凡《およそ》日本はいふにや及ぶ。唐天竺《からてんじく》にも古今これ程の名大将あるべしとは思はれず。軍略妙謀あへてまろ等が及ぶ所ならず

〔現代語訳〕誰が徳川を海道一の弓取と言ったのだろうか（その通りだ）。およそ日本は言うに及ばず、唐天竺にも古今これ程の名大将がいたとは思えない。軍略といい妙謀といい、私などが及

ぶところではない。

いくら何でも、秀次らの別働隊が大敗し、池田恒興《つねおき》父子や森長可《ながよし》という有力部将を討たればかりの秀吉が、こんなことを言うはずがありません。こういうところが、『徳川実紀』の怪しいところで、家康の行動はまさに神格化されているのです。そもそも、それまで家康が「海道一の弓取」と言われたことがあったのでしょうか。

しかし、このような露骨な家康賛美は誰でも気をつけて読みますが、小牧長久手の戦い全体が家康の勝利だったような書き方には、研究者も影響されています。

たとえば、当時、名古屋大学助教授だった三鬼清一郎氏は、「岩波講座」に書いた論文（「太閤検地と朝鮮出兵」『岩波講座日本歴史九』近世1、一九七五年）の中で、特に「長久手戦の政治的意義」という節を設け、この戦いの「勝敗が預りとなった」ことにより「秀吉は自己の権力を徳川領国へ滲透《しんとう》させることができ」ず、「徳川氏との軍事的緊張関係は、豊臣政権の全過程を通じて存在していた」と、この戦いを高く評価しています。

しかし、家康は結局秀吉に服属しますし、秀吉存命中にあったとされる「徳川氏との軍事的緊張関係」が何を指すのかわかりません。三鬼氏の見解は、当時有力だった北島正元氏の議論（『江戸幕府の権力構造』岩波書店、一九六四年）に引きずられたもののようですが、その時期の幕府研究は史料として使われた『徳川実紀』の史観に大きく影響されています。

❖長久手の戦いは局地戦

長久手の戦いでは、池田恒興・元助父子、森長可といった有力な部将が討ち取られました。秀吉軍の敗北というのはその通りですが、秀吉の本隊は無傷です。小牧長久手の戦いは膠着《こうちゃく》状態といったもので、そもそもこの戦いは秀吉と織田信雄《のぶかつ》の戦いでした。秀吉は、尾張や伊勢方面で信雄方の城を攻め、ついに信雄から人質を取り、和議を成立させます。この戦いは、長久手の戦いだけではなかったのです。

秀吉は、家康に勝てなかったため、官位の昇進を意図し、関白にまでのぼってついに家康を服属させた、という議論もあります。しかし、これもうがちすぎた説です。もし秀吉が、本気で家康を討とうとすれば、当時の両者の力関係から見れば可能だったはずです。それにもかかわらず、妹朝日姫を家康に嫁がせ、母大政所《おおまんどころ》を浜松に差し出してまで家康の上洛《じょうらく》を促したのは、秀吉の全国統一戦略の中で考えるべき問題です。けっして『徳川実紀』などが言うように、秀吉が家康を恐れたというようなものではないはずです。

長久手の戦いそのものについても、単純に家康の勝利と言えるかどうか、疑問があります。

愛知県日進市の郷土史家武田茂敬氏の『岩崎城の戦』（日進町教育委員会、一九八一年）によると、四月八日、家康方の岩崎城が、池田恒興らの軍によって落とされています。家康が出動したのは、その後です。家康軍の支隊は、九日早朝、休息している秀次軍を襲い、秀次軍を混乱に陥れます。しかし、早朝からの攻撃で疲労しはじめたところを掘秀政の軍が攻撃し、家康支隊の大須賀康高・榊原康政《さかきばらやすまさ》の二隊を敗走させ、本多康重隊も撃退します。家康の支隊も壊滅しているのです。

堀秀政は、榊原隊を追撃していましたが、家康の金扇の馬印を見て、兵を撤収し、秀次の警護のため戦列を離れます。そして、秀次の救援要請に応《こた》えて岩崎城を出て長久手方面に引き返してきた池田恒興、森長可らの軍と家康本隊が長久手で激突し、恒興父子と長可が討死《うちじに》するわけです。

この両人が討死しているので、全体が家康の勝利のように見えますが、勝利は紙一重のもので、家康とすれば秀吉本隊と戦うことになれば敗北必至というものでした。こういう戦いは、現地の地図を眺め、諸史料をつきあわせていかなければ、なかなか実態がつかめません。その意味では、武田氏のように、現地の地形に詳しい郷土史家の仕事はたいへんに参考になります。

❖「豊臣」家康

秀吉に服属した後の家康は、独自の地位を誇ったとされていますが、その実態はどのようなものだったのでしょうか。

まず、小田原北条氏を滅ぼした後、家康は三河《みかわ》・遠江《とおとうみ》から関東へ転《てん》封《ぽう》を命じられます。先祖伝来の領地から引き離されても、何も言えなかったことがわかります。この時、織田信雄は、美濃《みの》・尾張《おわり》を離れることに難色を示したため、領地を没収されてしまいますから、賢明な選択だったと言えます。

家康の服属にこだわった秀吉の意図は、北条氏攻撃を視野に入れたものだったと思います。背後に強大な北条氏を控えている家康と決戦しようとすれば、かなり長期間の戦いが予想されます。それよりも、信長以来忠実な同盟者として協力してくれている家康と結ぶことによって、全国統一をスムーズなものにしようとしたのでしょう。

家康としてみれば、北条氏が滅んでしまうと、単独で秀吉に対抗することなど、できるわけがありません。秀吉の命令に唯々《いい》諾々《だくだく》と従うしかなかったはずです。

堀新氏は、これ以後の家康の地位を示す史料として、関地蔵院所蔵（亀山市歴史博物館寄託）の文禄三年（一五九四）九月二十一日付け秀吉知行方目録を紹介しています。この宛名は、「羽柴江戸大納言《だいなごん》殿」となっています（「豊臣秀吉と「豊臣」家康」山本博文ほか編『消された秀吉の真実』柏書房、二〇一一年）。

文禄三年に「江戸大納言」と言えば、天正十五年（一五八七）八月に権大納言となっていた家康のことです。この官位は、家康が上洛して秀吉に従ったことによって与えられた官位です。

そして家康は、ここで「羽柴」の名字で呼ばれています。秀吉が、支配下の有力大名に豊臣の姓と羽柴の名字を与えたのは有名な話ですが、家康も豊臣の姓と羽柴の名字をあたえられていたのです。

これは秀吉の優遇策でしたが、逆に言えば家康の地位は、秀吉から独立していたなどと言えるものではなかったことがわかります。後に成立した江戸幕府は、家康のこのような屈辱的な歴史を消そうとします。そのため、幕府の編纂物を見るだけでは、こうしたことが見えなくなります。その当時の力関係をそのまま示している一次史料を検討することが、いかに大事かがわかります。

❖家康の「特別な」地位

豊臣政権下において、家康が特別な地位にあったこと自体は事実です。秀吉が秀次を切腹に追い込んだ秀次事件の後に制定した「御掟《おんおきて》」は、家康を筆頭にしていますし、秀吉の遺言を見ても、愛する息子秀頼のため、まず家康を頼りにしていたことが痛いほどわかります。

それでは、家康は、この特別な地位をどのように使っていたのでしょうか。跡部信氏は、家康が「朝鮮へ渡ろうとする秀吉に前田利家とともに進言してその出発を延期させ、事実上の中止に追い込んだ」ことをあげています（「秀吉独裁制の権力構造」『大阪城天守閣紀要』第三十七号、二〇〇九年）。その根拠は、『鹿苑《ろくおん》日録』の紙背《しはい》文書（日記の料紙の裏文書）として伝来した秀吉側近の僧侶《そうりょ》西笑承兌《せいしょうじょうたい》の文禄元年（一五九二）六月六日付け書状です。

当月太閤太相国《だいしょうこく》（前関白・太政大臣）御渡海有るべくの由《よし》、相究《あいき》め候処《そうろうところ》、徳川殿・前田殿、内々誓紙を以て申し入れられ候間、即《すなわ》ち召され御談合候。（中略）家康存分《ぞんぶん》は、船頭共申し候は土用中七月は不慮の風御座《ござ》候間《そうろうあいだ》、万一の儀御座候時は、天下一同相《あい》果《は》つ儀に候間、両人を先差し越され候は、上意《じょうい》の趣《おもむき》涯分《がいぶん》申し付くべくの由候。落涙候て申され候。

〔現代語訳〕今月、秀吉様が御渡海するということを決定したところ、徳川殿と前田殿が、内々誓紙を提出して会見を申し入れられたので、召されて御談合があった。家康は、「船頭どもの言うことには、土用のうち七月は思いがけない風が吹くことがあるので、万一のことがございましたら、天下の者みな破滅してしまいますので、私たち二人をまず派遣してもらえれば、秀吉様のお考えはおおよそ朝鮮にいる軍勢に命じます」と、涙を流しながら申されました。

確かに、秀吉に意見できるような大名は、家康と利家以外には考えられません。その意味では、家康が特別な地位にあったことは確かですが、その姿勢は、「上様の代わりに我々が渡海するので、思い留まってほしい」というもので、しかも落涙しながら訴えています。このような訴えでさえ、「誓紙（起請文《きしょうもん》）」まで提出しないとできないものでした。これは完全に臣下の立場からの諫言《かんげん》であって、秀吉と対等の立場で何か物が言えるといったものではなかったのです。

その意味では、明治大正期の歴史家三上参次が、「家康は久しく尺蠖《しゃくかく》のごとく縮みいたりし」（『江戸時代史』上、講談社学術文庫、一九九二年）と述べていたことは、まさに炯眼《けいがん》だったと言うことができます。家康は、秀吉に対し、尺取り虫のように平身低頭していたわけです。

しかし、そうではあっても、秀吉に忠実な臣下の立場から、他の者が言えない諫言を行う家康の姿は、諸大名には頼もしいものと映ったでしょう。こうした家康の行動が、関ヶ原の戦いの時、多くの豊臣大名を自分の味方に引き入れることができた一因だったのでしょう。ただ、家康は、そういうことを見越して諫言したわけではなく、そうしないと政権自体が崩壊してしまい、その過程で自分がどうなるかわからない、という危機感に基づくものだったと考えたほうがいいと思います。

❖徳川中心史観の相対化

第五、十講でも触れる信康事件にしても、江戸幕府成立後の史料では、家康が信長に強要されて、やむなく長男信康を自害させたように描かれています。しかし、それが家康を傷つけないために作り上げられた嘘《うそ》であることがわかってきました。

羽柴の名字を与えられたことも、幕府としては隠したいことでした。そのためか、秀次事件の後、諸大名が秀吉に対して提出した血判起請文の中で、家康と毛利輝元と小早川隆景《こばやかわたかかげ》が連署《れんしょ》で提出した一通だけ、原本がありません。

この起請文は、文禄四年（一五九五）七月から翌五年正月に作成されたもので、合わせて九通が作成され、五八名が署判（署名と花押《かおう》のこと）しています。秀吉の正室ねねの実家木下家が伝存し、現在は大阪城天守閣の所蔵となっています。その中で、家康らが署判した一通だけが木下家に残っておらず、毛利家文書に写しがあるだけなのです。

この起請文の家康の署名は、「羽柴武蔵大納言」です。矢部健太郎氏は、この署名があるため、江戸幕府になってから、家康の「羽柴名字」下賜《かし》の根拠となることを忌避して失われたのではないか、と推測しています（「秀次事件と血判起請文・「掟書」の諸問題」山本博文ほか編『消された秀吉の真実』）。偶然にしてはできすぎており、確かにありそうな話です。

こうした事例が明らかになるにつれ、幕府が描く家康時代の歴史は、史実を改ざんしていることがはっきりとしてきました。豊臣政権の研究は、後に一般的となる徳川中心史観の影響を排除し、あくまで一次史料によって見直していく必要があるのです。

なお付言しておくと、このような史実の改ざん自体が、成立期の幕府の営為を示す史料でもあります。性格の違う史料をつきあわせることによって、こうしたことも明らかになるのですから、編纂史料であっても、使い方次第で、歴史の真実を突き止める素材となることがわかります。

2　悪代官史観に疑問を持つ

❖武士は威張り、農民は卑屈だったのか

ＴＢＳの時代劇「水戸黄門」の影響か、代官はみな庶民を苦しめる悪人のように思われています。現在の視聴者は、それを史実とは思ってはいないでしょうが、代官が悪人ではないにせよ、お上の権威を笠に着て、民衆の利益など度外視していたと思われていることは確かでしょう。

しかし、日本に来た外国人の書いた文章を読むと、必ずしもそうではないと思わせる記事が出てきます。ヘルマン・マローンは、幕府の

民衆に対する姿勢について、次のような証言をしています（眞田収一郎訳『新異国叢書第Ⅲ輯《しゅう》2マローン日本と中国』雄松堂出版、二〇〇二年）。

そのほかに、中国でも日本でもわれわれわれが出くわした珍しいと思われる同じ現象がある。それは、ここ日本国においても、将軍もその家臣も気遣う一つの権力がある、すなわち世論である。そして個人が、ときにはこの絶対専制主義の支配する日本において、ヨーロッパの立憲国よりももっと権利をもつことがある。その例証として、次の例を挙げておこう。

長崎滞在中、幕府が病院を一つ建てようとした。日本に勤務していたオランダのポンペ医長は適地を探しあて、長崎奉行はそれを承諾した。そこは丘の突端にあって、貧しい農夫が住みついて、約一五アールの田畑を耕作していた。土地と収穫の価格を引き替えにして、その土地を幕府に譲渡するよう、彼に申し出た。ところが農夫は即座に自分の播《ま》いた収穫をまず取り入れたいと申し出ることでそれを拒否した。十二分のものが提供されたのであるが、効果はなかった。自分の所有を固執し、最終的にこの土地はいかなる条件でも譲らないと宣言した。奉行はこの土地を強制的に収用できないと判断した。日本には、強制収用法がない。そこで幕府はやむをえず、病院建築にははるかに不向きな別の場所を買い取った。

この件は、なにか新しいことをしようとするときの困難を示している。こういうわけで、大名たちが、臣民を犠牲にして、収入を増やすことはそんなに簡単にはいかないのである。大名に残されているのは、家来の数を制限することだけである。このことはいろいろのところで見られた。たとえば、水戸侯が、役人の五〇〇名を解雇した。そのために役人たちは職を失い、すべてが江戸に流れていった。

長崎奉行が、病院建設という公的な目的のためであっても、貧しい農民の土地さえ収用できなかったことを書いたものです。

常識的には、このような場合、長崎奉行の強権で土地を召し上げ、他の場所に代替地を与える、というのが慣行です。別に「強制収用法」などがなくても、収用するつもりさえあれば容易にできたでしょう。

しかし、長崎奉行はそうしませんでした。幕府から役人として長崎に派遣される長崎奉行は、長崎の住民から土地を取り上げる権限がなかったわけではありません。しかし、あくまで納得づくでそれを行おうとし、相手の納得がなければあっさりとあきらめています。こうした住民への配慮は、常識的な江戸時代の役人の態度とはずいぶん異なります。

もっとも、水戸侯が五〇〇名の役人を解雇した、というのは眉唾《まゆつば》です。おそらく脱藩した藩士を、解雇されたとみなしたのでしょう。藩士の地位も、落ち度がなければ保証されていました。それは、先祖から受け継がれた地位であり、時の藩主が自由に解雇したりできるものではなかったのです。

❖保護される既得権

江戸時代は、既得権がかなり大幅に擁護される社会だったようです。たとえば大井川に橋が架けられなかったのも、そういう側面がありますす。

通説では、幕府は西国大名の反乱を警戒して、大井川に橋を架けなかった、とされています。しかし、江戸時代の初期ならともかく、中期以降になればそんな心配はありません。事実、幕府が橋を架けようとしたこともあったようです。しかし、そうはなりませんでした。今野信雄氏は、これについて次のように述べています（『「江戸」を楽しむ』朝日文庫、一九九四年）。

しかし、これに猛烈に反対したのは、実は幕府ではなくて、島田と金谷宿場の住民たちでした。なぜならば、大井川に川留めがあるからこそ、彼らは生活できたのです。それが誰でも、なんの危険もなく渡れるようになれば、旅籠《はたご》のみならず、その関連企業である料理屋とか仕出し屋はもちろん、宿場全体が火の消えたようになるのは明らかです。また、島田・金谷の川越人足千二百人（幕末）も、明日から生活する手段を失うことになるのです。ですから地元民がこぞって猛反対した。こうなると幕府としても、いたずらに社会不安を起こすわけにはいかない。というわけで、そうした案は、ついに明治になるまで見送りになっていました。

そして実際に渡し船が実現したのは、幕府が滅亡した後、明治四年（一八七一）正月のこと。また、橋が架けられて駿河・遠江が自由に往来できるようになったのは明治九年のことで、失業した川越人足たちは金谷で広大な茶畑を経営し、今日、静岡の茶といえば全国一の名産になったと、こういうわけです。

大井川に橋を架けない、というのは、家康以来の幕府の政策です。まさしく「祖法（祖先伝来の基本法）」ですから、これを理由に現状維持を嘆願されれば、時の老中でもなかなかあえて橋を架けるとは言えません。そのようなことをした場合、政敵から攻撃されることもあったからです。こうして、誰にとっても利益になるはずの大井川の橋も、ついに江戸時代には架けられなかったのです。

鎖国にしても、同じことが言えます。ポルトガル人の追放を決めたのは、三代将軍家光で、家康ではありません。むしろ家康は、イスパニアとの交易を考え、浦賀を開港しようとまで考えたことがありました。

しかし、一八世紀末になると、鎖国は「祖法」として、誰もが異論を唱えてはいけない幕府の基本方針となりました。実は正確には、通信の国（朝鮮・琉球）と通商の国（オランダ・中国）以外とは新たに国交や交易関係を結ばない、ということですが、それが逆に幕府の足かせとなり、なかなか開国を決断することができませんでした。

老中首座阿部正弘は、諸藩から意見を徴し、その支持によって開国を行おうとしました（三谷博『明治維新とナショナリズム』山川出版社、一九九七年）。そして、さらに通商を求められた時、大老井《い》伊《い》直《なお》弼《すけ》は、朝廷の許可を得ることで、幕府批判を回避しながら通商条約を結ぼうとします。しかし、異国嫌いの公家《くげ》たちは、通商条約締結に反対し、直弼は勅許を得ないまま、条約を結んでしまいます。

　欧米諸国との軍事力の差を考えれば、幕府の方針は妥当なものだったと思います。しかし、それが結局倒幕に結びつく尊王攘夷《じょうい》運動の高揚を起こしてしまうのです。

これまで二百年以上も続いてきた制度を改めることの困難と、その深刻な影響をここにも見ることができます。江戸時代において、続いてきた制度は、いかに現実に合わないものであっても、続いてきたこと自体がその正当性を保証するものとなっていたのです。

❖へりくだることで実質を得る庶民

寛政の改革でも似たようなことがあります。江戸時代の銭湯は混浴でしたが、老中首座松平定信は、悪い風俗だとして、混浴を禁止する口達《こうたつ》を出しました。

これに対し、江戸の銭湯の組合は、「恐れながら、別々にいたしますと営業が困難になります」と訴えます。すると定信は、「それももっともである」と口達自体をあっさりと引っ込めてしまいます。

この話は、井上ひさしの対談集『笑談笑発』の中で江戸文学者の暉《てる》峻《おか》康隆氏が披露したものです。江戸の住民の生活に責任を持つ幕府は、住民の嘆願にこれほど寛大に対応したのです。

この場合、二つの条件があります。まず、嘆願する住民が、「恐れながら」と幕府を立てながら申し出ることです。これによって上位者と下位者の立場が確認されるので、幕府はその嘆願を聞く姿勢を示すことができます。そして、幕府の命令が、自分たちの生活にとって甚だ困るものであることを訴えます。幕府は、為政者として江戸の庶民の生活を守る義務がありますから、生活を盾にとって訴えられると弱いのです。

命令の撤回は、幕府が庶民の訴えを理解し、庶民への慈悲として行うものですから、幕府も、武士の面子《メンツ》がつぶされたなどとは考えません。日本における敬語の効用を分析した浅田秀子氏は、この話をあげて、「これは支配階級の武士といえども、被支配者層の理解と支持なくしてはみずからの支配が成り立たないことを、十分に承知していた証拠ではないだろうか」（『敬語で解く日本の平等・不平等』講談社現代新書、二〇〇一年）と述べています。これは、たいへんすぐれた見解だと思います。

そして、こうした上下関係の中で、庶民は、「恐れながら」とへりくだりながら、自分たちの既得権を守っていきます。真っ向から幕府の政策を批判したりすれば、幕府の威信を傷つけたとみなされ、厳しく処罰されますが、「恐れながら」の形式さえ守れば、その嘆願は考慮されるのです。

❖政策実現は農民の協力が鍵となった

逆に武士のほうも、どうしても実現したい政策がある時は、自ら頭を下げて被支配階級である農民に頼みます。これも浅田氏が紹介している事例ですが、松代《まつしろ》藩真田《さなだ》家の家老恩田木工《おんだもく》が藩政改革をしようとした時、農民たちを呼び出して、自分の率直な考えを述べ、次のように言います（西尾実・林博校註『日暮硯』岩波文庫、一九四一年）。

さて此《こ》の上に、皆々が不得心《ふとくしん》なれば、手前が役儀も勤まらず候《そうろう》間《あいだ》、切腹致すより外はこれなく候。依つて、手前に首尾《しゅび》よく役儀勤めさせてくれるも、又切腹させるも、皆々の料簡《りょうけん》次第に候間、如何《いかが》致し候や、皆々の所存を聞き度《た》く候。さりながら、斯様《かよう》に庭中にては、皆の者返答もあるまじく候間、先《ま》づ今日は帰り、総百姓と相談して、追って返答して呉《く》れよ。

〔現代語訳〕さてこうして話しても皆々が得心しなければ、私の役儀も勤まらないので、切腹するほかはない。私に首尾よく役儀を勤めさせてくれるのも、また切腹させるのも、皆々の考え次第なので、どうするか皆々の所存を聞きたい。しかし、この場で答えよと言っても返答できないだろうから、まず今日は帰り、百姓全員と相談して、追って返答してくれ。

恩田は、このように低姿勢で、藩の財政窮乏の実態を打ち明け、藩のほうでも倹約に努めるから、その方どもも是非年貢《ねんぐ》の引き上げに応じてくれるよう頼んだのです。少なくとも恩田は、年貢増徴には農民たちの合意が不可欠だと考えています。決して一方的に増税を命じたりはしていません。

こうした恩田の願いに、農民たちもまた快く応じました。村の代表たちが村に帰って全百姓に説明したところ、全百姓たちも、「早く御請けを申し上げ、殿様、木工様が御安心遊ばされるようにして下され」とみな一同に喜んで応じた、というのです。

支配階級である武士が、頭を下げて誠実に頼めば、農民のほうでも協力したのです。

もともと年貢は、はるか昔からの基準で賦課《ふか》されていました。そのため、年貢の負担はそれほど重いものではなかった、とされています。しかし、だからといって、他人の懐《ふところ》に手をつっこむようにして年貢を増徴すれば、一揆《いっき》がおこらないとも限りません。農民にとってそのようなやり方は、これまでの慣行を破る暴挙だったからです。そういう意味では、法律を改正するだけで大増税を行なおうとする現在の政府の方が高飛車だとも言えます。

しかし、藩の窮状を訴え、どうしても必要だから痛みを分かちあってくれと願えば、それを無碍《むげ》に断ることはしません。できるかぎりで新たな負担に応じよう、というのがこの時の農民の対応でした。

こうした見方は、歴史学の通説的なものではありません。また、一般にも、武士がこのようにいつも農民に低姿勢で臨んでいたわけではないでしょう。しかし、代官はあくまで威張り、農民はその理不尽な仕打ちに耐えていた、というのが普通のイメージですが、実態はそうではなかったのです。

農民の嘆願書を見ると、すべてが「恐れながら書付を以て申し上げ奉《たてまつ》り候」という文章で始まっています。これを見ると、武士が威張り、農民が卑屈になっているとしか思えません。しかし、それはあくまで嘆願書の形式にすぎず、実際の関係は違ったものであったことが、別の史料から浮かび上がってくるのです。

こうした目で、史料を読み直してみれば、今まで思ってもみなかった江戸時代の新しい像が姿を現してくると思います。

第四講　年号から江戸時代を大きくつかむ

1　寛永時代――幕府の制度が確立した時代

❖寛永時代を統治した三代将軍家光

江戸幕府第三代将軍徳川家光の治世を、寛永時代と呼びます。家光が将軍になったのが元和《げんな》九年（一六二三）、死去したのは慶安四年（一六五一）ですが、元和十年は寛永元年になり、寛永は二一年続きますから、ほぼ家光の治世に一致します。

この時代は、老中月番制の創出や各役職の職務の規程などの幕府機構の整備や鎖国制の成立など、幕藩体制の根幹となる制度ができた時代でした。そのため、「寛永」という年号が幕府の制度が確立した時代を表すものとして使われているのです。

千葉県佐倉市にある国立歴史民俗博物館所蔵の「江戸図屏風《びょうぶ》」は、さまざまな書籍の図版や表紙として使われていますから、見た人は多いと思います。この屏風は、まさに家光の治世を賛美する目的で作られたもので、時代の雰囲気をよく示しています。

家光の父で二代将軍だった秀忠は、元和九年、上洛《じょうらく》して家光に将軍職を譲り、江戸城西の丸に移ります。秀忠の父家康は、将軍職を秀忠に譲った後、駿府に引退して秀忠の政治を後見しますが、秀忠は同じ江戸城内にあって家光の政治を後見したのです。この時期を「秀忠大御所時代」ということもあります。

秀忠大御所時代には、家光独自の政治はあまりありません。政治は、おおむね秀忠の指導のもとに行われていたようです。

それは、当時の大名の動向から見ても裏付けられます。当時、幕閣で最も実力を持っていたのは、秀忠の年寄（後の老中）筆頭である土井利勝《としかつ》でした。大名たちの多くは、幕府に何か嘆願を行う時、利勝を頼っています。一方、家光の年寄筆頭は酒井忠世ですが、あまり目立ちません。

寛永四年（一六二七）には、朝廷が高僧に与えた紫衣《しえ》を幕府が剝奪《はくだつ》するという紫衣事件が起こります。この事件を屈辱と感じた後水尾天皇は、幕府の意向に反して勝手に譲位します。その結果、後水尾天皇と秀忠の娘和子《まさこ》の娘が天皇に即位しました。明正《めいしょう》天皇です。

この事件を契機に、幕府は、朝廷の統制を摂家中心に行う体制を作り上げました。この体制は、幕末になるまで揺らぐことがなく、天皇は外出さえままならない不自由な立場となりました。

❖秀忠の死と御代始めの御法度

寛永九年（一六三二）正月二十四日、大御所秀忠が死去します。家光は、父親のくびきから離れて、自由に政治を行うようになります。

家光が最初に行ったのは、肥後一国を領する大名加藤忠広の改易でした。加藤忠広は、豊臣秀吉子飼いの大名であった清正の子です。忠広の子光広が謀反《むほん》を呼びかける回状を出したというのが処罰の原因ですが、それほど実体のある話ではなく、家光自身もこれが児戯《じぎ》に等しいいたずらであると認識していました。

しかし、家光は、江戸城に有力大名を召して、「御代始めの御法度」であるから厳しい処置をとると、直接申し渡しています。大名たちは、家光の姿勢の厳しさに戦慄《せんりつ》しました。家光は、諸大名の監察にあたる大目付を新設し、江戸市中に幕府の目付を徘徊《はいかい》させたため、諸大名は自らの行動を慎むようになります。

家光が標的にしたのは、外様大名だけではありません。当時不行跡が目立っていたとされる弟、忠長は、秀忠存命中に甲斐に蟄居《ちっきょ》させられていましたが、家光は忠長を高崎に移し、側近の阿部重次を遣わして自害に追い込みます。

この背景には、家光が、寛永十年十月、重病に陥った際、大名が忠長を奉じて謀反を起こそうとしているという噂《うわさ》があったことがあげられます。実の弟を自害させたわけですから、なおさら家光の危機感が感じられます。家光の政治は、このような強権発動から開始されたのです。

❖幕府機構の整備

大名に対するこのような厳しい処置もあって、幕府年寄もまた、自らの行動を慎むようになりました。家光は、年寄が独断で事を行うことを好まず、すべてについて年寄集団の合議を義務づけます。

家光政権成立時の年寄は、酒井忠世・土井利勝・酒井忠勝の三人でしたが、合議が義務づけられたため、政務は停滞していきます。

寛永十一年三月三日、そのような中で家光は、年寄、六人衆（後の若年寄）、大目付、町奉行などの職務を規定し、政務の迅速な処理のため、年寄に半月番で政務を務めるよう命じます。また、年寄に、自らの側近から稲葉正勝、松平信綱、阿部忠秋を順次加えていきます。

また、同年、家光は三〇万人もの軍勢を率いて上洛を挙行し、参内して院や天皇領の加増を行います。年寄の酒井忠勝を若狭小浜《わかさおばま》に移すなど、大規模で重要な転封《てんぽう》を申し渡し、諸大名の領地の安堵《あんど》も行います。

秀忠の時代には、度々上洛を行い、重要な政務は上洛した時に行うという慣行がありました。これを家光も踏襲したわけです。しかし、家光は、この後は一度も上洛しませんでした。もはや、京都は政治の中心ではなくなり、四代将軍家綱以降は、将軍宣下も江戸城で行われるようになります。江戸が、政治都市として確立したのです。

寛永十二年、家光は武家諸法度の改訂を行い、参勤交代を制度化するなど、江戸時代を特徴付ける制度の整備に努めました。評定所の寄合が義務づけられたのも、この年のことです。

そして寛永十五年、秀忠大御所時代から年寄を務めていた土井利勝と酒井忠勝に、大事のみに関与するよう命じ、日常の政務は、側近の松平信綱・阿部忠秋・阿部重次の三人があたることとしました。

老中という職名は、寛永十一年頃から諸藩の史料に出てきますが、幕府の日記では寛永十四年が初見です。この言葉は、幕府の年寄全員を呼ぶものでしたが、一般化はしていませんでした。この機構改革の後は、土井と酒井は同じように「年寄」と呼ばれますが、後者の三人はまとめて「老中」と呼ばれるようになります。すなわち老中は、家光の時代、家光の側近が命じられることによってできた役職だといえます。なお、将軍は後々まで老中を「年寄」と呼び、大名たちは「御老中」と敬称の「御」を付けて呼びました。

❖「鎖国令」の発令

江戸時代、日本は、隣国の朝鮮とだけ正式な外交関係を結んでいました。

琉球《りゅうきゅう》は、薩摩藩に占領され、幕府から薩摩藩の領地の一部とされていましたが、対外的にはそれを隠し、明、次いで清に冊封《さくほう》（形式的に封土を与えられること）されています。したがって、日本と琉球は、正式な外交関係にあったとは言えません。

長崎においては、オランダ人や中国人が来航していましたが、これは通商関係にすぎません。国家間の関係は、意識的に排除されていました。

松前藩と交易を行っていたアイヌ民族は、部族ごとに独立していて、アイヌ民族の国家はできていません。そのため、この関係も単に交易関係だと言っていいものです。

幕府がこれらの国や民族と関係を持っていたことは確かですが、それぞれが特殊な関係だったわけです。

江戸時代の日本が「鎖国」であるとしたのは、寛政・享和（一七八九―一八〇四）の頃の長崎通詞である志筑忠雄《しづきただお》です。家光の時代に「鎖国」という言葉はありませんが、江戸時代の人も、自分たちの国の体制が「鎖国」だと考えていたのです。その体制がいつ形成されたかというと、寛永十年代前半、家光の時代でした。

寛永十年二月二十八日、幕府は、長崎に赴任する曾我古祐《そがひさすけ》・今村正長の両名に、長崎における政務の大綱を定めた下知状《げちじょう》を与えます。これが、従来「鎖国令」と呼ばれているものです。

この文書は、鎖国を定めたものではありません。それまで長崎は、外様大名の竹中重義が奉行として管理していました。ところが秀忠大御所時代、竹中は職権を乱用し、朱印状なしで貿易に関与したり、領地豊後府内で贋銀《にせぎん》を作らせ、ポルトガルの根拠地マカオに遣わしたりという不正行為を行っていました。そのため竹中は、寛永十一年二月二十二日、切腹を命じられ、幕府は長崎の施政を改める必要がありました。そのため出されたのが、この文書だったわけです。

幕府は、この文書で、奉書船以外の日本船の海外渡航を禁じ、海外在住日本人の帰国を制限し、武士が貿易に関与することを禁止し、キリシタン禁制を強化しました。しかし、日本船の海外渡航全般が禁止されたわけではありません。

寛永十二年正月九日、幕府は、その年の朱印船の派遣を禁じます。そして、この年五月二十八日に出された長崎奉行宛《あて》の下知状では、日本船の海外渡航の全面禁止、及び海外在住の日本人の帰国の禁止が明記されています。研究者が「鎖国令」と呼んでいるのは、この寛永十年から寛永十三年まで毎年出された長崎奉行宛の下知状です。

しかし、この方針は、いまだ確立したものではありません。寛永十三年、長崎に出島を築き、ポルトガル人を長崎市中から出島に移しますが、こうした環境の中でも日本とポルトガル人との貿易は続いていました。

幕府は、この体制で乗り切れると考えていたのでしょう。そもそも日本人の海外渡航の禁止や海外在住の日本人の帰国禁止は、キリスト教の布教を水際《みずぎわ》でくい止めるための施策でした。ポルトガル人を出島に収容したのも、そのためです。幕府は、必ずしもポルトガル人や平戸に来航していたオランダ人との貿易を、忌避していたわけではありません。

❖島原の乱と天草・島原一揆《いっき》

この方針が大きく転回するのが、有名な島原の乱です。現在の歴史教科書では、「天草・島原の一揆《いっき》」と呼ばれています。

この事件は、寛永十四年（一六三七）十月、九州の天草と島原半島南部にキリシタンの一揆が蜂起《ほうき》し、原城という古城に立て籠《こ》もったものです。幕府は、一揆軍を鎮圧するのに多大な時間と人的損害をこうむりました。

この事件に衝撃を受けた幕府は、キリスト教徒の根絶がぜったいに必要であるとの認識を持つようになり、ポルトガル人を追放し、プロテスタントで布教を行わないオランダ人も平戸から長崎出島に移して管理することにしたのです。

この措置は、貿易の統制とはまったく関係のないものでした。幕府は、ポルトガル人は追放すべきだと考えていましたが、貿易の途絶につながることを恐れていました。島原の乱からポルトガル人の追放の決定まで一年半の時日を要したのは、ポルトガル人のもたらす生糸や絹織物が日本の必需品であるという認識があったからでした。

幕府は、オランダ商館長を江戸城に呼び、これまでのポルトガル人の役割を、オランダ人に果たせるかどうか、諮問《しもん》を行いました。貿易の上でポルトガル人のライバルだったオランダ商館長は、ポルトガル人のもたらしていた物品は、同様にオランダ人も調達して来られることを述べ、また日本人が朱印船を再び東南アジア海域に派遣した場合は、ポルトガルとその同盟国であるイスパニアに攻撃される危険があることを忠告しました。

このため幕府は、朱印船の復活は断念し、オランダ貿易に頼ることを決めました。寛永十六年七月五日、幕府は、正式にポルトガル人に追放を申し渡しました。

翌年には、ポルトガル人の東アジアでの根拠地であるマカオから、貿易再開を嘆願する使節がやってきました。彼らは宣教師ではなく、商人です。しかし幕府は、彼らのほとんどを斬罪《ざんざい》に処しました。

こうしたことをやっているだけに、幕府は、ポルトガルとイスパニアから報復攻撃があるのではないか、と恐れるようになりました。幕府は、それに備えるため、九州・中国・四国諸藩に、海が見渡せる場所に遠見番所を建設することを命じ、異国船を見たら即座に長崎・大坂に通報するよう命じました。いわば、広域に沿岸防備体制を創設したわけです。この方策は、ポルトガル・イスパニアとの緊張関係を抜きにしては理解できないことです。

このようにして出来上がった体制こそ、後に「鎖国」と称されるものので、「鎖国」の本質は、まさにキリスト教諸国を排除する体制であった、と言うことができます。

❖寛永時代のつかみ方

家光の治世、特に寛永十年代前半は、後の江戸時代の体制をほぼ固めた時代です。その家光の精神的バックボーンとなったのは、祖父家康でした。

家光は、武力で天下統一を果たした家康を景仰しており、治世の間、頻繁に家康の墓所である日光へ社参を行いました。家康を祀《まつ》った日光の東照社は、正保《しょうほう》二年（一六四五）には朝廷から宮号宣下《きゅうごうせんげ》があり、東照宮となります。秀忠時代の上洛は、家光時代には日光社参に代替された観があります。

このほか、寛永時代には、寛永飢饉《ききん》への対処として、江戸時代の農政の基本方針が確定されます。寛永に続く正保期には、明から援軍要請がありましたが、家光は拒絶し、以後、中国大陸の情勢からは距離をおきます。

ほかに、武士の系図集である『寛永諸家系図伝』の編纂《へんさん》、日本全国の地図を国ごとに描かせた正保国絵図の作製など、家光政権期については多くの特徴があります。このような家光の強権的な政治を支えたのは、幕府の方針に従うことによって御家の安定を望んだ大名や、天下泰平による平和を享受《きょうじゅ》していた民衆の支持だったということができます。

2　元禄時代——天下泰平の象徴的時代

❖綱吉の政治が目指したもの

繁栄の時代の象徴として使われる「元禄時代」は、五代将軍綱吉の治世です。

綱吉が将軍になるのは延宝八年（一六八〇）七月で、天和《てんな》・貞享《じょうきょう》・元禄を経て宝永六年（一七〇九）一月まで、綱吉の治世が約三〇年にわたって続きます。この時代を、その中で一七年間続いた「元禄」の元号で代表させて、元禄時代と称するのです。

より詳細に見ると、幕府直轄《ちょっかつ》地代官の綱紀粛正など、政治に真剣に取り組んだ綱吉初期の時代は、「天和の治」と称し、綱吉後期の時代とは区別します。元禄時代は、生類憐《しょうるいあわ》れみの令など、民衆に悪法を押しつけた綱吉後期の時代になりますが、その頃には上方を中心に商人が経済的実力を身につけ、庶民も繁栄を謳歌《おうか》したことから、「元禄」

の名が繁栄の代名詞となったのです。ただし、最近の研究では、綱吉の政治を一貫性のあるものととらえる見方が有力です。

生類憐れみの令は、護国寺を開いた僧亮賢《りょうけん》、あるいは母桂昌院の尊崇する護持院隆光が、愛児徳松を失った綱吉に、嗣子が得られないのは前世殺生《せっしょう》の報いであるから、戌年《いぬどし》生れの綱吉は特に犬を愛護すべきことを説いたから制定された、とされています。

しかし現在では、もっと広い視野からとらえられるようになっています。歴史民俗博物館名誉教授の塚本学氏は、生類憐れみの志は極端な犬愛護を命じるだけでなく、捨子・捨て牛馬の禁令、鉄砲改め、鷹《たか》狩《が》り廃止といった多方面の政策に表われており、権力者の立場からはそれなりに合理的な施策であったことを強調しています（『徳川綱吉』

吉川弘文館、一九九八年）。

そしてこの法令を出し続けた綱吉の意図は、専制君主の気まぐれといったものではなく、元禄時代になお存在していた殺伐の気風を教化し、武士や民衆に「仁心」を植え付けようとしたものであった、と推測します。

綱吉は、生類憐れみを命じる前から、神祇《じんぎ》組や鶺鴒《せきれい》組といった江戸市中を跋扈《ばっこ》する「かぶき者」の一団を逮捕・処刑し、同様の者たちを弾圧し続けています。それも、彼らの自由放逸な精神と暴力的な気風を、新しい幕府の政治の下では好ましくないと考えたからにほかなりません。

それまでの武家諸法度の第一条は、「文武弓馬の道、専《もっぱ》ら相嗜《あいたしな》むべき事」でした。それを綱吉は、「文武忠孝を励し、礼儀を正すべき事」に改訂しています。綱吉は、武士らしい武士を再生産することではなく、礼儀や忠孝といった儒学的徳目によって統治する道を目指したのです。

❖赤穂《あこう》事件が起こったのも元禄時代

歌舞伎や映画で人気のある「忠臣蔵」のもとになった赤穂事件も、綱吉の治世に起こったものでした。

播州《ばんしゅう》赤穂藩主浅野内匠頭長矩《たくみのかみながのり》が、おそらくは人前で面目を失うようなことを言われ、江戸城中で高家《こうけ》筆頭吉良上野介義央《きらこうづけのすけよしなか》に斬《き》りつけたのです。綱吉は、勅使を迎えた江戸城中での刃傷《にんじょう》事件を許すことはできませんでした。

綱吉は、浅野の行為のみを問題にし、彼に即日切腹という厳しい処分を下しました。この綱吉の判断は、その限りでは正当なものでした。しかし、浅野家の旧臣のみならず武士階級の多くは、これを「片落ち」の判決とみなしました。吉良に何の処分もなかったからです。そして当時の武士にとって、「片落ち」の処分をそのまま放置することは、その当事者にとっては面子《メンツ》を失い、武士としてのアイデンティティを喪失することでした。そのため、浅野家旧臣は、浅野の家の再興と「喧嘩《けんか》」相手とみなした吉良上野介の処分を求めて奔走し、それが挫折《ざせつ》するや本所松坂町の吉良邸に討ち入りを敢行し、上野介の首を取ったのです。

幕府の採決に従わず、自力で自ら正しいと思う処分を実現するという浅野家旧臣の行動は、まさに綱吉が圧殺しようとする武士の殺伐とした気風そのものだったと言っていいかもしれません。しかし、その処罰が武士の礼をとって切腹であったのは、彼らの行動が多くの武士たちの賞賛を得ていたからであって、綱吉が立ち向かった殺伐たる気風がいかに根強いものであったかを示しています。

元禄時代を彩《いろど》る赤穂事件は、喧嘩両成敗という武士の慣習法の理念に基づき、主君浅野内匠頭の喧嘩を継続した家臣たちの武士として当然の行為だと理解されました。吉良邸討ち入りは、主君の「仇討ち」だとして行われますが、参加した武士の書状などを読むと、人として行わなければならない「義」の行動だと考えていたことが読み取れます。これは、武士たちの暴発行動ではなく、手順を踏んだ理性的なものでした。ここに、後に『忠臣蔵』として国民的な人気を博するひとつの要因があります。

赤穂事件以後、このような事件が起こることはなく、泰平の世の中で武士たちは徐々に秩序化されていきます。武士社会の中では、それまでの先祖の功績に基づく家格が強固に形成されていき、そのような中で武士は統治者として能力を発揮しようとします。

逆に言えば、元禄時代は、「かぶき者」的気風が強固に残存した最後の時代でした。その後、社会の安定や身分制の固定化などが進行する中で、武士たちの心性も様相を変えていきます。しかし、自己の内面の規律に従って行動し、そのためには命も惜しまないという気風は、武士道を重んずる武士たちの間では保持されていたと考えられます。幕末の尊王攘夷《じょうい》運動の高まりなども、それを想定しなければ理解できないことだと思います。

3　享保《きょうほう》時代――幕府役職制度の大改革

❖吉宗の人材登用

享保の改革を推進した八代将軍吉宗の時代は、幕府の役職制度を大改革した時代です。その基本政策が、「足高《たしだか》の制」と言われるものです。

歴史教科書では、吉宗が人材登用を推進したと書かれています。人材登用の例としてあげられるのは、老中水野忠之《ただゆき》と松平乗邑《のりさと》、町奉行大岡忠相《ただすけ》、ほかに代官として登用された田中丘隅《きゅうぐ》、蓑笠之助《みのかさのすけ》、小宮山昌世、井沢為永《ためなが》ら「地方巧者《じかたこうしゃ》」と言われる人たちです。

しかし、吉宗が最初に老中に登用し、勝手掛老中として活躍した水野忠之は、三河国岡崎藩五万石の藩主で、家康の生母伝通院の出た家です。忠之は、じゅうぶん老中になる資格がありました。

元禄十二年（一六九九）、兄の遺領岡崎五万石を継いだ忠之は、宝永二年（一七〇五）奏者番となり、若年寄、京都所司代を経て、享保二年（一七一七）老中となります。これは、譜代大名の典型的な出世コースです。紀州藩から宗家を継いだ吉宗には、幕臣に側近がいなかったので、行政経験を積んだ譜代大名に頼るしかなかったのです。

松平乗邑も勝手掛老中として活躍しますが、かれは徳川家の祖松平氏のもっとも古い一族大給《おぎゅう》松平氏の嫡流《ちゃくりゅう》です。大給松平家は、浜松藩主だった乗寿《のりなが》の時代に老中となっています。乗寿は、将軍家光の時代に世子家綱の老中に任じられていたため、家綱が将軍となると自動的に老中になったのです。その後、大給松平家の当主は、異国船警備の任のある唐津《からつ》藩主となるため、幕府の役職には任じられていませんでした。

乗邑は、肥前唐津から、志摩鳥羽、伊勢亀山と転封を繰り返し、享保二年には山城淀藩主になっています。六万石の石高とこの経歴から見ると、幕府の重要な城地の管理を主たる任務としていたようで、これは譜代大名の中でも家格が高い松平家の処遇としてふさわしいものでした。こうした乗邑を老中にしたのは、人物を見込んだ吉宗の炯眼《けいがん》だったかもしれません。しかし、人材登用というのとは少し違います。

大岡忠相は、二七〇〇石の旗本大岡忠高の第四子として生まれ、一族の大岡忠真の養子となった人物です。養家も、一九二〇石という高禄《こうろく》の旗本でした。

忠相は、書院番士を振り出しに昇進していきます。二十六歳で書院番士になった忠相は、二年後には徒頭《かちがしら》に昇進し、使番、目付を歴任して、三十五歳で伊勢の山田奉行に昇進します。山田奉行は、伊勢神宮領の経営や神宮の門前町宇治山田の市政を担当する遠国《おんごく》奉行の一つです。そして、四年間の在任を経て江戸に戻り普請《ふしん》奉行になり、享保二年には江戸の南町奉行に就任します。

この昇進コースは、たしかに順調ですが、二〇〇〇石近くの旗本である忠相にとっては、決して異例なものではありません。吉宗の「人材登用」は、優秀な者を抜擢《ばってき》したという点ではすぐれたものでしたが、能力のある低い身分出身の者を登用したということではないのです。

❖足高の制

しかし、一方で吉宗には、確かに低い身分出身の者を登用しようとした形跡があります。吉宗が享保八年に制定した「足高の制」です。「足高」を理解するには、「役高」がわからなければなりません。幕府の役職に、その序列に応じて基準となる知行高を決めたのです。たとえば、町奉行の役高は三〇〇〇石です。もし一〇〇〇石の家禄を代々支給される旗本が町奉行になると、その在任期間中のみ二〇〇〇石の差額分を支給したのです。

それまでは、町奉行などになると、それにふさわしい家禄に加増していました。しかし、そうすると、旗本の家禄が全体として増加し、その分、幕府の直轄地は減少しますから、あまり低い家禄の者を顕職につけるのは憚《はばか》られました。しかし、「足高の制」のもとでは、そのような心配なく、優秀な旗本を顕職につけることができるのです。これは、確かに人材登用策としてすぐれています。

この制度は、その後の幕府政治において、大きな意味を持ちました。泉井朝子氏は、享保八年（一七二三）以前と、享保八年の「足高の制」制定以降寛政年間までの役職就任者を検討しました。すると、役高三〇〇〇石の勘定奉行就任者では、五〇〇石以下の者が四〇パーセントを占めるようになり、町奉行や大目付でも、小禄の者の就任が目だっていることがわかりました（「足高制に関する一考察」『学習院史学』第二号、一九六五年）。家格にとらわれない能力主義的人事が、享保八年以降、しだいに進められていくことになったのです。

ただ、吉宗の意図がそこにあったかというと疑問です。吉宗が将軍になった時の最重要課題は、旗本・御家人の扶持米《ふちまい》支給にも苦労したといわれる幕府財政の悪化でした。吉宗が、「上米《あげまい》の制」を制定して、参勤交代を軽減するかわりに諸大名から上米を命じたことでわかるように、幕府財政改革が問題となっていたのです。この制度は、吉宗自

幕府役職の役高と任務

役職名	役高	任務
大番頭	5000石	将軍直轄軍団である大番の司令官
留守居	5000石	大奥・広敷の管理責任者、関所手形も発行
書院番頭	4000石	将軍の親衛隊である書院番の司令官
小姓組番頭	4000石	将軍の親衛隊である小姓組の司令官
大目付	3000石	法令伝達、江戸城内儀礼作法の管轄
町奉行	3000石	江戸城下の行政・司法・裁判・警察・消防などを管轄
勘定奉行	3000石	幕府財政、および幕領の租税徴収、裁判を管轄
小普請組支配	3000石	小普請（役職に就いていない幕臣）の統括
西丸留守居	2000石	江戸城西丸の管理
普請奉行	2000石	江戸城内外の土木工事
作事奉行	2000石	江戸城内外の建造物の新築・修繕
小普請奉行	2000石	江戸城内外の修復雑務
長崎奉行	2000石	長崎の支配および外交貿易の管理
日光奉行	2000石	日光の町の支配と東照宮の警備
新番頭	2000石	新番組の指揮官
小納戸頭取	1500石	将軍に近侍する小納戸の長官
先手頭	1500石	弓・鉄炮隊である先手組の指揮官
京都町奉行	1500石	京都町方支配、畿内近国の公事訴訟
大坂町奉行	1500石	大坂町方支配、近隣諸国の公事訴訟
伏見奉行	1500石	伏見町の支配、河川船舶取締り
駿府町奉行	1000石	駿河・伊豆支配、久能山東照宮の警衛
山田奉行	1000石	伊勢神宮の経営・造替や修繕の管理
奈良奉行	1000石	大和国支配、春日大社の警衛
堺奉行	1000石	堺市中の行政・港湾の管理
佐渡奉行	1000石	佐渡国支配、金銀山の管理
目付	1000石	旗本・御家人の監察、殿中儀礼の指揮
書院番組頭	1000石	書院番の副長として番頭を補佐
小姓組組頭	1000石	小姓組の副長として番頭を補佐
小十人頭	1000石	小十人組の指揮官
使番	1000石	諸国巡検使、大名改易時の城請取監督
徒頭	1000石	将軍外出時に身辺警護をする徒組の指揮官
新番組頭	600石	新番の副長として番頭を補佐
大番組頭	600石	大番組の副長として番頭を補佐
勘定吟味役	500石	江戸幕府勘定所の監査役
小姓	500石	中奥で将軍の身辺雑務に従事
小納戸	500石	中奥の部屋や将軍手回りの調度の管理

＊『古事類苑』官位部三による

身が「恥」と認識し、身の置き所がないような恥ずかしい思いで大名たちに命じたものでした。

これを考えると、「足高の制」も、幕府財政の負担を軽くするためのもので、財政事情が許せば、そうした能力のある旗本には加増したかったことでしょう。

実は、すでに幕府の人事は、実質的にあまり家格にとらわれずに昇進させる慣行になっていました。人材登用のために「足高の制」を作ったと言うより、実際に行われている人材登用の動きを止めることなく、しかも幕府財政に負担をかけないようにしたということではないでしょうか。

4　安永・天明時代（田沼時代）――賄賂《わいろ》政治の功罪

❖賄賂政治の肯定的側面

田沼時代とは、三〇〇石の小姓から側用人《そばようにん》を経て老中にまで昇った田沼意次《おきつぐ》が権力を握っていた時代です。一般に賄賂政治が横行した時代だとされていましたが、一方で社会には活力がみなぎっていました。

ただ、田沼が権勢を誇っていた天明三年（一七八三）七月、浅間山が大噴火を起こし、不作が続いて天明の大飢饉が起こります。こうした中で、田沼は失脚することになります。

田沼時代の知恵者と言われた仙台藩医工藤平助は、診察を求める患者が門前市をなすほどに有名でした。その平助が、老中田沼意次の公用人と用談した際、「わが主人は富にも禄にも官位にも不足はない。ただ田沼老中の政治として長く後世に人のためになることをしておきたい、という願いがある。何をしたらよいだろうか」と尋ねられました。平助は、日本を広くする工夫をすればよいと言い、蝦夷地《えぞち》開発を進言しました。

平助の書いた意見書『赤蝦夷風説考《あかえぞふうせつこう》』は意次の気に入り、平助を蝦夷地開発の奉行にしたいと言います。この提言は意次の失脚のため実現しませんでしたが、優れた意見を持つ者は抜擢するというのが意次の流儀でした。

この時代、出世を望む旗本は、意次をはじめとする権門に出入りし、さまざまな進物や金銭を差し出して猟官運動をしました。昇進が実現すれば、上司や口を利《き》いてくれた人間に多額の礼金を進呈します。いわゆる賄賂政治ですが、お金さえあれば家格の制約を超えて昇進ができたとも言えます。このため旗本社会は活性化し、志のある者はなんとかして出世しようとしきりに運動しました。

❖規制緩和の時代

この時代は、規制緩和の時代でもありました。八代将軍吉宗の頃取り払われた赤坂氷川神社門前の岡場所（私娼《ししょう》を置く街）も、意次は経営者から運上金を取り、営業することを許しました。三味線が流行《はや》り、旗本の子どもたちまでが毎日三味線を弾き、屋敷内で素人《しろうと》歌舞伎を演じたりもしました。芸者も流行り、江戸のほとんどの町に芸者がいたと言います。

寺社の開帳が盛んに行われたのも、この時代の特徴です。池《いけ》の端《はた》の弁天（台東区上野）、笄《こうがい》橋の長谷寺《ちょうこくじ》（港区西麻布）、三囲稲荷《みめぐりいなり》（墨田区向島）、護国寺（文京区）では秩父《ちちぶ》三十三カ所の観音の開帳がありました。こうした開帳には、多くの庶民が詰めかけます。いわば江戸中が物見遊山《ものみゆさん》などの娯楽を求めていたのです。

ファッションも、ずいぶん洗練されてきました。文金《ぶんきん》風という髷《まげ》の腰を突き立てた髪型が流行し、羽織や袴《はかま》などの服装、キセルや根付のような小物にまで、流行が生まれました。着物の色は丁子《ちょうじ》茶（やわらかな茶色）という色が流行し、誰もがこの色に染めた着物を着ました。

象牙《ぞうげ》の櫛《くし》や笄が流行し、女の子には奇麗な花を付けた花かんざしというものが流行りました。これは、吉原の禿《かむろ》の頭を真似《まね》たものだと言います。また、それまで女性は夏は菅笠《すげがさ》をかぶって外出していましたが、この頃は青い紙で張った日傘が流行し、菅笠を使う者はいなくなったと言います。

料理屋や菓子屋などにも、ブランドが生まれました。新たに役に任命された旗本は、同役中を招いて宴会する慣習がありましたが、役職ごとにそれぞれ決まりの店があり、料理はどこ、菓子はどこ、などと決まっていました。

出版業界も、活発になりました。それまであった赤本、黒本、青本といった子供向けのおとぎ話や軍記物が、かなり知識の高い層も読む黄表紙に代わっていきました。

黄表紙は、遊里の様子や遊客の風俗を書いた恋川春町の『金々《きんきん》先生栄花夢《えいがのゆめ》』（一七七五年刊）に始まると言われています。これはいわば大人向けの文学で、朋誠堂喜三二《ほうせいどうきさんじ》（実は秋田藩江戸留守居役平沢平格）や山東京伝などの人気作家を得て流行し、御家人・大田南畝《なんぽ》のように黄表紙評論を行う者まで出ました。

❖人間らしい時代

江戸の恋愛は、庶民同士では好き合って結婚することもありました。しかし、それは「野合《やごう》」として、むしろ貶《おとし》められた関係でした。遊廓《ゆうかく》を舞台にした恋物語は、黄表紙などで賞賛されましたから、遊女が恋愛の対象となりました。

特に武士の場合、結婚相手は親や一族が決めましたから、恋愛をしようとすれば遊廓に行くしかありません。遊女の心は自分の自由になりませんから、遊女の気持ちをつかもうとして、恋心を募らせることにもなります。

天明五年（一七八五）、四〇〇〇石の大旗本藤枝外記《げき》は、吉原・大菱屋の遊女綾衣《あやぎぬ》と千束村の一農家で心中します。外記は二十八歳、綾衣は十九歳だったと伝えられています。入り婿《むこ》の外記は、綾衣を身請けすることができず、当時、金満家であった札差に綾衣を奪われようとしたため、心中という道を選んだのだと言います。

家を守っていく武士としては、とんでもない行動でしょう。しかし、現在から見れば、いかにも人間らしい事件です。こうした事件が起こったのも、田沼の時代がある意味で自由な時代だったからなのです。

5　文化・文政時代——庶民の活力と化政《かせい》文化

❖文化・文政時代の政治

文化は十四年、文政は十二年（文政十三年が天保元年になる）、西暦で言えば一八〇四年から一八二九年までの二六年間、四半世紀にわたる長い時代です。この時代は、江戸文化の爛熟期《らんじゆくき》で、「化政文化」という呼称も定着しています。この時代の将軍は、一貫して一一代家《いえ》斉《なり》でした。

天明七年（一七八七）、家斉が将軍になった時は、まだ数えで十五歳の少年でした。このため、政治は老中首座松平定信の主導で行われました。定信は、寛政の改革を主導し、武士の綱紀粛正や厳しい倹約令を出しますが、一方で七分積金の制度や社倉・義倉など社会政策も精力的に行いました。また、湯島にあった林家の私塾を官学である昌平坂学問所とし、学問吟味を行って成績優秀な幕臣の登用を行いました。

寛政五年（一七九三）、定信は老中を引退し、その後は老中松平信《のぶ》明《あきら》が中心になって政権を運営します。信明らの老中は、「寛政の遺老」と呼ばれており、定信の政治路線がしばらくは続きます。

しかし、文化年間には次第に政治が弛《ゆる》み、文政になると定信の頃の厳しい規制はほとんど消滅しました。天保八年（一八三七）、家斉は将軍職を家慶《いえよし》に譲りますが、同十二年まで大御所として君臨していました。この頃までを、広義の「文化・文政時代」と言ってよいでしょう。この時代は、政治的には寛政・天保の厳しい改革政治に挟まれた比較的自由な時代で、そのもとで庶民文化が花開きました。

対外関係では、緊張した時期もありました。文化元年（一八〇四）、ロシア使節レザノフが長崎に来航し、通商を要求しています。レザノフは、定信の時代に根室に来航したラクスマンに与えた長崎入港の信《しん》牌《ぱい》を持参して来たのですが、幕府は、半年も待たせた上に通交を拒否し、親書なども受け取りませんでした。このため、ロシア船が蝦夷地周辺を攻撃するなどの事件も起こりました。

文化五年（一八〇八）には、イギリス船フェートン号が長崎に来航し、オランダ商館員を人質にとるという事件が起こりました。フェートン号はまもなく退去しますが、長崎奉行松平康英は責任をとって自害しています。

このように、長崎や蝦夷地では諸外国との緊張関係が生じ始めていますが、その後は小康状態となり、危機感は薄れていきました。

❖庶民のエネルギー

寛政の改革によって、規制されていた江戸の祭りは、寛政十年（一七九八）、十五歳以下の子供が祭りに出る場合の衣装の制限が廃されたことを皮切りに、次第に贅沢《ぜいたく》なものになっていきました。

文化四年（一八〇七）八月に行われた深川八幡《はちまん》の祭礼には、江戸の庶民が群集し、隅田川にかかる永代橋がその重みに耐えかねて落ち、数百人の溺死者《できししゃ》が出ました。

なぜそれほどに人が集まったかと言えば、この祭礼が寛政改革以来初めて許されたもので、押さえつけられていた庶民のエネルギーが噴出したものだったからです。年に一度の庶民の楽しみを抑圧していると、それが取り払われた時にどんな弊害が生じるかをよく示す話です。これは、それまでの政治による人災と言ってもいいでしょう。

文化十二年（一八一五）、武陽隠士《ぶよういんし》の名で書かれた『世事見聞録《せじ》』には、子供が山王祭礼などに出る時には、神功《じんぐう》皇后や源頼朝などに扮し、金襴《きんらん》、縮緬《ちりめん》、緞子《どんす》、紗綾《さや》などを何重にも着て、それに付く者などを加えれば少なくとも五〇〇両以上、多い者は一〇〇〇両ものお金をつぎ込んでいる、と書いています。

庶民の楽しみである祭りの衣装を制限したため、制限がなくなった子供に大金を投じられることになったのです。この額は、三〇〇石から五〇〇石取りの武士の年収に相当します。文化の末になると、豊かでない者も、自分の妻や娘を吉原などに売り、祭りへ飛び出す者まで出たと言います。

松平信明が文化十四年（一八一七）に在職のまま死去すると、文政元年（一八一八）には側用人だった水野忠成《ただあきら》が老中を兼任します。忠成は、もと家斉の小姓で、田沼意次の時代に老中を務めた水野忠友の婿養子となった人です。

忠成を信任して政治を任せた将軍家斉は、五三人もの子供をもうけたことで有名です。その子供たちのため、江戸の各町に一〇〇両ずつ下賜《かし》し、祭礼の行列を江戸城に招き入れ、物見台を作り見物しました。これに感激した各町では、数千両もの金を投じて祭りを盛り上げました。

❖大奥女中のスキャンダル

多くの側室を持った家斉の時代には、大奥にも華美な風が行き渡りました。
家斉の愛妾《あいしょう》であったお美代の方は、日蓮宗・下総《しもうさ》中山法華経寺の子院智泉院の住職日啓の娘でした。非常に美しい娘だったため、家斉の側近中野碩翁《せきおう》の養女となり、家斉の御中臈《おちゆうろう》になります。このお美代の方が大奥に入り、家斉の寵愛《ちようあい》を受けたため、大奥女中の中に日蓮宗信者が増え、代参と称して中山法華経寺に参詣《さんけい》するようになりました。

天保五年（一八三四）には、雑司ヶ谷に日蓮宗の感応寺が再興され、江戸城に近いとあって、こちらにも多くの大奥女中が参詣するようになりました。

女中を受け入れる寺のほうでは、美男の僧を集めて接待させたため、僧と女中の密通も広く行われるようになったと言います。これらは、家斉死後、水野忠邦の天保改革が始まった時に摘発され、感応寺は廃寺となり、日啓らも牢《ろう》に入れられました。こうしたことを見ても、家斉時代がいかに規制が緩かったかがわかります。

封建的道徳から見れば退廃ですが、非常に自由で人間性豊かな時代だったと見ることもできます。大奥女中でさえ代参と称して江戸の町を出歩いていたのですから、庶民は、当然、歌舞伎、寄席、寺詣《まい》り、物見遊山などにしきりに出かけています。

先に引用した『世事見聞録』には、当時の町人の力を、「右の威勢につけ上がり、すべて武士の身上を軽しめ、無礼をなし、世の義理も何の芸も知らず、猥《みだ》りに高慢に構へ、武士の慇懃《いんぎん》にするを心得違ひして、武士は不始末なるもの、愚昧《ぐまい》なるもの、貧窮なるもの、媚《こ》び諂《へつら》ふ者と見下し」と書いています。

旗本らへの金融を行った札差や大名家へ出入りする用達《ようたし》商人らは、

武士も及ばないほどの経済力を持ち、奢《おご》った生活をしていたのです。こうした町人の経済力は、江戸の文化の発展に大きく寄与しました。

❖洋学の発達

ヨーロッパからの学問である洋学も、発達しました。杉田玄白らが『解体新書』を翻訳・出版したのは、安永三年（一七七四）、田沼の時代ですが、その後、民間の学者を中心に蘭学が発展し、文化八年（一八一一）には幕府もその重要性を認め、天文方に蕃書和解御用《ばんしょわげごよう》という部局を設け、蘭書の翻訳を通じて西洋の学問を積極的に摂取するようになります。

文政六年（一八二三）に来日したドイツ人医師シーボルトは、長崎郊外の鳴滝に医学塾を開き、手術などを行って見せました。

大坂に適々斎塾《てきてきさいじゅく》を開いた緒方洪庵《おがたこうあん》は、オランダ語や医学を教え、門人が三〇〇〇人を超えるほどの盛況を見せました。

門人の中には農家の二男、三男もいて、田舎に帰ると自分の村に蘭方の医院を開業しました。嘉永二年（一八四九）、天然痘《てんねんとう》の種痘がもたらされると、洪庵はすぐに入手し大坂で種痘を行いました。種痘は、全国に急速にひろまります。これは、蘭方の医学を学んだ者が全国的に存在していたためです。

本書の第一講で述べた伊能忠敬《ただたか》は、下総佐原の豪商です。忠敬は、幕府天文方の高橋至時《よしとき》に天文学を学び、寛政十二年（一八〇〇）に江戸を発《た》って蝦夷地東南海岸および奥州街道を測量しました。できあがった地図の精巧さに驚いた幕府は、忠敬に全国の測量を命じます。民間人による学問は、それほどの達成度を持っていたのです。

文政十一年（一八二八）、シーボルトがこの地図を持ちだそうとして発覚し、国外追放となります。高橋至時の子で天文方の高橋景保《かげやす》は、これを渡したことを咎《とが》められて捕縛され、入牢中に死去しました。当時の幕府が、こうした厳しい一面を持っていたことも忘れてはいけません。

❖化政文化

庶民が本を読むようになったのも、この時代の特徴です。文化頃には貸本屋が発達し、読者が飛躍的に増大しました。

滝沢馬琴は、文化四年（一八〇七）に『椿説弓張月《ちんせつゆみはりづき》』前編六巻を刊行して以来多くの読本を書き、特に文化十一年に刊行が始まった『南総里見八犬伝』は完結まで二八年、全一〇六冊を要するという大作で、多くの読者を得ました。馬琴は、日本で初めて原稿料で生活を支えた作家でした。

滑稽本《こっけいぼん》のジャンルでは、享和《きょうわ》二年（一八〇二）に十返舎一九《じっぺんしゃいっく》の『東海道中膝栗毛《ひざくりげ》』初編が刊行され、大好評を得て中国路から中山道まで書き継ぎ、文政五年（一八二二）まで二一年も続きました。その背景には、伊勢詣りなどを始めとする庶民の旅の発達がありました。

式亭三馬は、銭湯や床屋での客のむだ話を書いた『浮世風呂』や『浮世床』で人気を得ました。

歌舞伎も活況を呈しています。四世鶴屋南北の脚本による『東海道四谷怪談』は、文政八年（一八二五）に初演され、大当たりをとりました。馬琴の『椿説弓張月』や『南総里見八犬伝』も脚色され、上演されました。

浮世絵師歌川豊国は、役者の大首絵を描き、人気を博しました。葛《かつ》飾《しか》北斎《ほくさい》は、役者絵や読本の挿絵を描き、のちに『富嶽《ふがく》三十六景』などの風景画も描いて独自の境地を開きました。江戸の定火消し同心の家に生まれた安藤広重は、『東都名所』などで絵師としての地歩を築きます。そして公用で京都に旅したスケッチをもとに、『東海道五十三次』を刊行しました。その斬新な構図は、今でも新鮮です。

読本、歌舞伎、絵画などの発達は、それぞれが互いに関連したものです。これらはすべて、余裕のできた庶民に娯楽を提供する芸術でした。

歌舞伎で人気の役者は浮世絵となり、『東海道中膝栗毛』は旅行の参考書となり、浮世絵に描かれた『東海道五十三次』は旅ができない庶民にも旅の楽しみを教えました。

これらの作品は、庶民にも購入可能な比較的安価で提供されたものです。読本作家や絵師は、庶民に作品を購入してもらうことによって、生活を支え、さらによい作品を生み出すことになりました。

庶民までが芸術を享受する時代になったのは、寺子屋や私塾などによって教育が普及していたからです。文化・文政時代に成立したこのような生活は、近代社会につながり、現代社会の原形となるものでした。

第五講　「江戸時代」でよくある質問

1　御三家・御三卿《ごさんきょう》とはどういう大名ですか

Q1……なぜ御三家が生まれたのですか

御三家は、将軍家の一門で、家康の三人の息子を祖とする徳川宗家の分家です。

尾張家六一万九五〇〇石、紀伊家五五万五〇〇〇石、水戸家三五万石という大きな領地を持ちますが、父家康の財産分割と考えれば納得できるところです。当然、藩士の数も多いので、その軍事力で徳川宗家を守ることが第一の役割ですが、将軍家に跡継ぎがいない場合、その候補者を出すことも重要な役割でした。

徳川家康には、一一人の男子があり、御三家となったのは九男義直、一〇男頼宣《よりのぶ》、一一男頼房です。この三人が御三家の祖となるまでには、複雑な変遷《へんせん》がありました。長男信康は父家康や家臣に疎《うと》まれて自害し、次男秀康は豊臣秀吉の養子となり、その後下野《しもつけ》の名族結城家を継ぎます。このため、将軍家は三男秀忠が継ぐことになりました。

関ヶ原合戦後、四男松平忠吉は、広島に転封《てんぽう》した福島正則の領地尾張国清洲を含め四二万石を与えられ、尾張を領しました。忠吉は秀忠の同母弟であり、徳川家一門としては第一に位置づけられる存在でした。

慶長七年（一六〇二）十一月、武田氏の名跡を継いだ五男の信吉が、関ヶ原合戦で西軍についた佐竹氏の旧領水戸を与えられ、二五万石を領しました。同年、六男松平忠輝には信吉が領していた下総《しもうさ》国佐倉から四万石が与えられ、同八年、一〇万石加増のうえで信濃国川中島へ移りました。七男松千代、八男仙千代はいずれも夭逝《ようせい》しています。

慶長八年、信吉が没すると、水戸は一〇男頼宣に与えられました。頼宣は、まだ数えで二歳の幼児でした。同十二年、四男忠吉が没すると、尾張には甲州を領していた九男義直が入ります。御三家筆頭として最も重視された尾張は、義直の子孫が継いでいくことになったのです。

同十四年、頼宣に駿河・遠江《とおとうみ》五〇万石が与えられ、空いた水戸は一一男頼房に与えられました。そして元和《げんな》五年（一六一九）、頼宣が紀州に移ることによって、後の御三家の原型ができました。

六男忠輝は、同十五年、越後高田城六〇万石を与えられましたが、朝廷に奏請《そうせい》して与えられる官位は少将で、義直、頼宣が翌年参議・中将に任官すると下になりました。これが不満だったのか、慶長二十年の大坂夏の陣の時、忠輝は、旗本の無礼を責めて討ち取るという事件を起こし、家康から勘当されます。翌年、忠輝は領地を没収され、伊勢国朝熊《あさま》に配流《はいる》となり、表舞台から消えました。

慶長五年、二男秀康は徳川姓に復し、越前福井六七万石を与えられましたが、同十二年に没し、跡を継いだ忠直は松平姓となりました。それでも越前六七万石を領する大大名でしたが、席次は水戸よりも下とされました。

二代将軍秀忠と正室お江与には、家光と忠長の二人の男子がありました。元和九年（一六二三）、家光が将軍職を継ぎ、忠長には翌年、駿河・遠江五五万石を与えられました。この頃の序列は義直、頼宣、忠長、頼房です。

このまま推移すれば、御三家は尾張、紀伊、駿河となった可能性があります。しかし、忠長は兄家光の憎しみを買って上野《こうずけ》国高崎に謹慎させられ、寛永十年には自害を命じられます。こうして、御三家は、尾張、紀伊、水戸に落ち着くことになったのです。尾張・紀伊両家に比べ、水戸家だけが石高もかなり少なく、官位も低いものでした。御三家と総称されますが、その中には格差もあったのです。

Q2……どうして尾張・紀伊・水戸に決まったのですか

尾張は、天下人織田信長や豊臣秀吉を生んだ土地で、交通の要衝であり、生産力も豊かでした。紀伊は、天下の台所大坂に接し、水戸は江戸の背後を守る地勢にありました。江戸近辺は老中を務める譜代大名や旗本の領地に配分されたので、佐竹氏の旧領だった水戸の軍事的な意味は大きいものでした。

すでに述べたように、尾張は豊臣大名だった福島正則の領地でしたが、家康は正則を安芸《あき》に転封させ、子の松平忠吉に与えました。その正則が元和五年（一六一九）に改易になると、紀伊を領する浅野長《なが》晟《あきら》に安芸および備後半国を与えて転封させ、頼宣に紀伊を与えました。

大きな領地を持つ外様大名を転封させるためには、別の地域に大きな空白となった領地が必要ですが、正則の改易によってそれが可能になったのです。これによって御三家の領地が確定しました。

Q3……御三家の格式はどんなものだったのですか

御三家は、大名別の石高では、尾張家が前田家、島津家、伊達家に続いて第四位、紀州家が第五位、水戸家が第一四位でしたが、他の大名とは隔絶した高い格式を認められていました。神君家康の子の系統ということでそれだけの位置付けがなされたのですが、それがかえって将軍家を悩ますことにもなりました。しかし一方で、御三家の格式が高いことは、将軍家の格式を高める役割も果たしていました。

官位は、尾張家と紀州家が大納言《だいなごん》、水戸家が中納言を極官（最高位）としました。大納言は、将軍世子《せいし》と同等です。

江戸城での控席は、大廊下に沿った部屋を与えられました。この部屋には上之間と下之間があり、御三家は上之間に控えました。下之間は前田家などに与えられました。朝鮮通信使の登城の時も、御三家は将軍の親族として独自に饗応《きょうおう》する機会が与えられました。

江戸では、大名が行列する際、制し声はかけませんでしたが、御三家だけは徒《かち》の者が「シタニロ、シタニロ」と制し声をかけたといいます。諸大名は、御三家と道で行き逢《あ》うと拝礼を要求されたので、先へ偵察の者を出し、御三家の通行を知ると脇道《わきみち》に入って避けました。

Q4……御三家にはどのような役割があったのですか

もともと御三家は、将軍家に跡継ぎがいなくなった時のための控えの家という性格がありましたから、将軍家の嫡流《ちゃくりゅう》が絶えた時は御三家から養子が選ばれました。七代将軍家継が夭逝した後、紀州藩の徳川吉宗が入ったのが最初です。

この時は、将軍不在でしたから、老中土屋政直と側用人間部《まなべ》詮房《あきふさ》が御三家を招き、誰が将軍家を継ぐかを話し合ってもらいました。そして、それぞれが辞退する中、六代将軍家宣《いえのぶ》の御台所《みだいどころ》（将軍家正室の呼称）天英院が、家宣の遺言として吉宗に強く要請したことが決定打となり、吉宗が八代将軍となりました。

その後将軍職は、吉宗の系統に受け継がれますが、一三代将軍家定の跡継ぎは、御三家・紀州藩の慶福《よしとみ》と御三卿《ごさんきょう》・一橋慶喜《よしのぶ》との争いとなり、慶福が将軍家を継いで一四代将軍家茂《いえもち》となりました。慶喜は水戸家出身、慶福は一一代将軍家斉の孫なので、順当なところです。

Q5……御三家と将軍家との縁戚《えんせき》関係はどのように維持されていたのですか

将軍家は、征夷《せいい》大将軍のほか、内大臣に任じられました。公家《くげ》の家格で言えば五摂家と同等とみなされ、五摂家、あるいは宮家（世襲親王家）から御台所を迎えました。そのため、一門である御三家からの嫁入りはありませんでした。

逆に徳川家から御三家への嫁入りはありました。家光の長女千代姫は、尾張家の徳川光友に嫁ぎ、五代将軍綱吉の長女鶴姫は紀州家の徳川綱教へ嫁いでいます。

二代将軍秀忠の娘たちが、豊臣秀頼、加賀百万石の前田利常、越前の松平忠直、京極忠高、後水尾天皇などに嫁いだことを考えれば、興味深いことです。秀忠の時代は、外様大名や朝廷との関係を重視していましたが、家光以後は一門である御三家に気を遣わなければならなかったということでしょう。

二七人もの姫君をもうけた一一代将軍家斉の場合は、御三家・御三卿だけでは足りず、前田家、浅野家、毛利家、鍋島家などの外様大名にも嫁いでいます。

Q6……御三家と将軍家の仲はよかったのですか

御三家は将軍家を宗家として敬い、将軍家は御三家に他の大名とは隔絶した高い地位と格式を認めましたから、表面的に対立することはありませんでした。

しかし、将軍家にとっては一門である御三家は煙たい存在であり、御三家には一門でありながら臣下的な立場にたっていることで不満があり、お互いに微妙な関係にありました。それほど仲がよかったわけではありません。五代将軍綱吉が御三家の格式を引き下げようとしたこと、八代将軍吉宗が、幕府の倹約令にもかかわらず奢侈《しゃし》にふけった尾張家の徳川宗春に隠居を命じたことなどが、それを示しています。

Q7……どうして御三家があるのに御三卿が生まれたのですか

紀州家から宗家に入って八代将軍になった吉宗は、将軍家に跡継ぎがなくなった時、自分の血統で将軍家を継いでいけるよう、次男以下の子を一門として取り立てたのです。

享保《きょうほう》十六年（一七三一）、吉宗は、次男宗武に田安《たやす》門内に屋敷を与えて独立させます。これが田安家の創設です。元文五年（一七四〇）には、四男宗尹《むねただ》に一橋門内に屋敷を与え、一橋家が創設されました。宗武の官位は従三位右衛門督《うえもんのかみ》、宗尹は従三位刑部卿《ぎょうぶきょう》で、ともに三位であることからその敬称である「卿」をつけて両卿と呼ばれました。各省長官を意味する「卿」ではありません。

九代将軍となった家重は、父吉宗にならい、宝暦九年（一七五九）、次男の重好に清水門内に屋敷を与え、清水家を創設しました。ちなみに重好の官位は従三位宮内卿《くないきょう》です。当時から田安家、一橋家、清水家と呼ばれていますが、これは通称で、正式にはいずれも徳川家でした。

こうして田安・一橋・清水の御三卿が成立しましたが、これらの家は独自に領地支配をしないなど、独立した大名とは言い難く、将軍家の家族という位置づけでした。これは、幕府直轄《ちょっかつ》領に余裕がなく、御三家に匹敵するような領地はとても与えられなかったという事情がありました。そのため、各一〇万石の知行を与えて幕府が管理し、家老や組頭など中心的な役職も幕府旗本の出向により務めさせたのです。家としての独立性はあまりありません。

Q8……御三卿家老はどのような旗本が任じられたのですか

御三卿家老は、もと「御傅《おもり》」と呼ばれ、延享《えんきょう》三年（一七四六）より家老と称されることになりました。

田安家を例にあげて延享三年以降を見ていくと、家老に任じられるのは旗本で、前職は大目付、勘定奉行、小普請《こぶしん》組支配、普請奉行、作事奉行、遠国《おんごく》奉行、小納戸頭取、目付などであり、キャリアを重ねた旗本が就任する役職だったことがわかります。家老を辞めた後は、功なり名遂げた旗本の名誉職的な役職である大目付・留守居などに進みます。

御三卿家老は「持高勤《もちだかづとめ》」、すなわち自らの家禄《かろく》のままで勤める役職でしたが、幕府から一〇〇〇俵、御三卿から一〇〇〇俵、計二〇〇〇俵の役高が支給されました。老中支配で、芙蓉間席《ふようのま》ですから、大目付・町奉行・勘定奉行など幕府中枢《ちゅうすう》の役職と同等の高い格式の役職でした。ただし、激務で能力も必要な町奉行や勘定奉行と違い、比較的楽な役職だったようです。

Q9……御三卿から将軍家への養子や嫁入りはあったのですか

御三卿は、創設以来、将軍家の控えという役割を持ちましたから、将軍家に跡継ぎがない場合は養子の第一候補でした。一〇代将軍家治の嫡子家基が没すると、一橋家から豊千代が養君（将軍家の養子）となり、江戸城に入りました。この豊千代が、一一代将軍家斉です。家斉には子どもが多く、一二代将軍家慶《いえよし》も同様でしたから、しばらくはその必要がなく、むしろ家斉や家慶の子供の養子先として活用されました。

一三代将軍家定に至って跡継ぎがいなくなり、御三卿一橋慶喜が養君候補の一人となりました。慶喜は水戸家出身でしたが、一橋家に養子に入ったため、候補になったのです。結果は、家斉の孫である紀州家の徳川慶福が養君となり、一四代将軍家茂となりました。慶喜も、家茂没後に将軍家を継ぎ、一五代将軍になっています。

また、将軍家の正室は、五摂家や宮家から迎えることになっており、御三家と同様、御三卿から将軍家へ正室を出すということはありませんでした。

ちなみに一橋家から将軍家を継いだ家斉の正室は、薩摩藩主島津重《しげ》豪《ひで》の娘茂姫ですが、この婚約が決まったのはまだ家斉が一橋家にいる時代で、茂姫は五摂家筆頭の近衛家の養女として家斉に嫁ぎました。家定の三番目の正室篤姫《あつひめ》も同様で、島津家の分家の出身ですが、島津本家の娘として幕府に届けられ、近衛家の養女として家定に嫁ぎました。

Q10……御三家と御三卿の違いはありますか

大きな違いは、御三家が多くの家臣団を擁し、一国を支配する独立した大大名であったのに対し、御三卿は将軍家の庶子として幕府に養われる存在であったことです。先に述べたように、御三卿は各一〇万石の知行を与えられたにすぎず、家臣も多くは旗本からの出向でした。

しかし、これは御三卿の格式が低いということではなく、むしろ将軍の家族扱いということで高い格式を持たせることにもなりました。実際に領地を与えてしまえば、石高の上では中大名程度とならざるをえず、逆に格式を低めることになりかねません。

また、御三家は、跡継ぎがいなくなれば養子をとりましたが、御三卿の場合はしばらく養子をとらず、当主不在で家のみが存続する「明屋形《あきやがた》」となることもありました。田安家は、二代治察《はるあき》が安永三年（一七七四）九月に没し、天明七年（一七八七）六月、一橋治済《はるさだ》の五男斉匡《なりまさ》が継ぐまで、一四年間にわたって当主がいませんでした。

Q11……将軍家内部の争いはあったのですか

初期においては、将軍家内部に深刻な争いがありました。家康の次男秀康の子忠直は、官位の点で御三家の下に位置づけられていることに不満を持ち、江戸への参勤を行わないようになりました。このため、秀忠は、忠直を隠居させ、豊後《ぶんご》に配流しました。家康の六男松平忠輝が伊勢へ流されたのも、将軍家内部の争いだと考えられます。

しかし、これらは直接に将軍職をめぐっておこったことではありません。最も深刻だったのは、三代将軍をめぐる秀忠の子家光と忠長の争いです。秀忠とその正室お江与は、利発な忠長（当時は国千代）を跡目にしようと考えていました。この動きに危機感を持った家光（当時は竹千代）の乳母春日局《かすがのつぼね》は、駿府の大御所家康に直訴し、家康のはからいで家光が跡目になったとされています。この争いは後日まで尾を引きます。
駿河・遠江を領して駿河大納言と呼ばれるようになった忠長は、理由なく家臣を斬《き》るなど行状が荒れたとされています。家光は、秀忠死後の寛永十年（一六三三）、上州高崎に謹慎させていた忠長に自害を命じます。真相はわかりませんが、忠長が悪いばかりではないようです。

四代将軍家綱も、跡継ぎがありませんでした。候補としては、甥の甲府藩主徳川綱豊と弟の館林《たてばやし》藩主徳川綱吉がいましたが、大老酒井忠清はどちらも不可とし、親王を迎えて将軍に据えるという案を持っていたとされます。これは噂《うわさ》にすぎませんが、忠清が綱吉の跡目相続に反対だったことは確かだったようで、綱吉が将軍になると失脚しています。

『徳川実紀』は、家綱が老中堀田正俊ただ一人を枕元《まくらもと》に呼び、綱吉が跡目に決まったと書いています。綱吉を跡目にすることを示唆《しさ》する書付が今に堀田家に伝えられていますが、真相は謎《なぞ》のままです。このように、五代将軍綱吉の誕生にあたっては、将軍家というより幕閣内部に深刻な抗争があったと推測されます。

Q12……将軍家と御三家・御三卿との争いはあったのですか

御三家・紀州家の祖頼宣には、幕府への反乱を企てたという話が多く残されています。実際、寛永十年、三代将軍家光が重い病気に陥った時は、諸大名が頼宣擁立を考えたともされ、家光死後に起こった由《ゆ》井正雪《いしょうせつ》の乱では、頼宣黒幕説が出されました。その頃、将軍の座を狙《ねら》うとすれば御三家だったので、こうした説が流布したのでしょうが、いずれも確証に乏しいものです。

むしろ、将軍家の跡継ぎが絶えた後、誰が将軍を継ぐかについては御三家内部で争いがあったと推測されます。七代将軍家継の没後、紀州家の吉宗が八代将軍となりますが、その際、尾張家と紀州家の家臣が暗躍したといわれています。

『徳川実紀』によれば、吉宗は、家格順では尾張殿、年齢順では水戸殿と言って、将軍職への意欲を見せず、六代将軍家宣の正室天英院の強い勧めにも簡単には受諾しなかったとされます。しかし、御三家筆頭は尾張家であり、それを逆転して紀州家の吉宗が将軍職を継いだ裏には、何らかの政治的動きがあったと考えた方がいいでしょう。天英院が家宣の遺言を持ちだした後、水戸家の綱條《つなえだ》は吉宗に将軍職受諾を強く勧めましたが、尾張家の継友は黙ったままだったといいます。

一方、御三卿は、独立した家臣団を持たない家だったので、将軍家と争う実力は持ちませんでした。しかし、御三卿創設以後は、将軍家に最も近い家として、将軍家に意見を上申することができたようです。

それが明確に発揮されたのは、一一代将軍家斉の父だった一橋治済の時代です。治済は、田沼意次が老中を辞めた後も田沼派の老中が幕閣に留まっていることを嫌い、田安家から白河藩松平家を継いだ松平定信を老中に擁立する工作を行い、ついにそれを実現させています。

Q13……御三家と御三卿の争いはあったのですか

嘉永六年（一八五三）のペリー来航以後、政局の最大の焦点となったのが、一三代将軍家定の将軍継嗣争いです。これは、御三家・紀州家の徳川慶福と御三卿・一橋慶喜との争いです。慶福を推すのは譜代大名筆頭の彦根藩主井伊直弼《いいなおすけ》、御三卿・田安慶頼ら、慶喜を推すのは老中阿部正弘、越前藩主松平慶永《よしなが》、薩摩藩主島津斉彬《なりあきら》らで、開明派の幕府旗本にも慶喜を推す者がありました。慶喜は英明の聞こえ高く、対外的危機を乗り切るためには指導力のある将軍の存在が不可欠であるという考えによったものです。

しかし、慶喜は、御三卿・一橋家を継いだとはいえ、実は御三家・水戸家の徳川斉昭《なりあき》の子です。水戸家は将軍家から養子をとっておらず、将軍家との血筋で言えばかなり遠いものでした。

一方、紀州家は、吉宗の出身藩であり、一一代将軍家斉の七男斉順《なりゆき》が婿《むこ》養子として入っているため、将軍家に最も近い家でした。慶福は斉順の長男で、家斉の孫にあたります。大奥でも、斉昭を嫌っていたこともあって、まだ幼い慶福が将軍家を継ぐことを望んでいました。

こうして幕府どころか日本を二分する争いが繰り広げられますが、最後は家定の信任を得て大老となった井伊直弼が、家定の意思を前面に出して慶福を継嗣とし、一四代将軍家茂を誕生させました。

ちなみに、島津斉彬の養女だった篤姫は、家定の御台所となって江戸城に入りますが、養父斉彬から、慶喜を養君とするよう家定を説得する任務を与えられていました。そして篤姫は、実際に家定に慶喜を養君に勧めようとしますが、家定生母本寿院、大奥老女歌橋などから強く反対され、また家定にもその気がないことからそれを果たせませんでした。

家定死後、篤姫（落飾後は天璋院《てんしょういん》）は、一四代将軍となった家茂をもり立て、上洛した家茂の身を案ずる懇切な手紙を出したりしています。逆に慶喜は、篤姫に嫌われるようになりました。

家茂が大坂で死去した時、篤姫は家茂の意思として田安家慶頼の三男亀之助を跡目にと考えたようです。しかし、すでに政治の中心は大坂にあり、大坂の老中の意向で慶喜が将軍家を継ぐことになりました。篤姫は、徳川家の存続を願った官軍隊長宛《あて》の手紙で、このことを残念そうに書いていています。慶喜が謹慎し、隠居した後、徳川家は田安亀之助が継ぎます。これが後の徳川家達《いえさと》で、公爵となり、貴族院議長などを務めています。

2　これだけは知りたい江戸時代の「鎖国」

Q1……江戸時代の日本は鎖国していたのですか

江戸時代の日本（以後、「近世日本」と言います）の対外関係は、「鎖国」という用語で表現されます。これは、教科書にも採用されていて、よく知られています。

一方で、学界では、近世日本は鎖国ではない、と主張する研究者もいます。その理由は、幕府は直轄地長崎でオランダや中国と貿易をしており、それ以外にも、朝鮮に対しては対馬《つしま》藩、実質的には独立国家であった琉球に対しては薩摩藩、アイヌ民族に対しては松前藩が関係を持っていた、という事実があるからです。つまり、近世日本は、「四つの口」を介して世界に開かれていた、というわけです。

鎖国という言葉を、完全に国を鎖《とざ》す、すなわちまったく外国と関係を持たないという意味に解するとすれば、近世日本は鎖国していなかったということになります。

しかし、完全に国を鎖していないと鎖国ではない、だから近世日本は鎖国ではない、という狭い理解では、近世日本の対外関係の特質を理解できません。鎖国でなかったとしたら、国を開いていたということになりますが、江戸幕府は朝鮮・琉球を「通信の国」、オランダ・中国を「通商の国」とし、それ以外の国とは新たな関係は開かないとしており、幕府も藩も、貿易船を出して外国に行くことはありませんでした。まして国民は、外国へ行くことは運悪く漂流でもしないことにはありえなかったからです。

アメリカ使節ペリーが来航し、「開国和親」を要求しただけで、日本中が攘夷《じょうい》をめぐって大騒ぎとなり、結局幕府が倒壊しました。「開国」がこれほどの政治的事件となったのは、近世日本が鎖国しているという認識を誰もが持っていたからでした。

こうした体制を表現する言葉として「鎖国」は有効な概念であり、筆者は、近世日本が鎖国していたと言ってよいと考えています。

Q2……鎖国は正確にはいつから始まったのでしょうか

幕府が、今日から鎖国をする、と宣言したわけではありません。鎖国というのは、あくまで近世日本の対外関係を表現する概念です。高校の日本史教科書では、寛永十年（一六三三）から同十六年（一六三九）までに出された五つの法令を「鎖国令」であるとするものもありますが、これも正確な理解ではありません。

寛永十年、十一年、十二年、十三年に出されたいわゆる第一次鎖国令から第四次鎖国令（以後、①②③④と表記します）と言われている文書は、幕府老中が長崎奉行に発給した下知状《げち》で、長崎での施政方針を伝えたものです。したがって、全国の諸大名にこの全文が知らされたわけではありません。
①②には、奉書船以外の日本船の海外渡航禁止と在外日本人の帰国制限が規定されており、③④には日本船の全面的な海外渡航禁止、在外日本人の帰国禁止が規定されています。これらの条項は、当然のことながら大名や国民に適用されました。
寛永十六年に出されたいわゆる第五次鎖国令（⑤）は、①〜④とはまったく違った文書で、老中がポルトガル船に対して追放を命じたことに付随して、諸大名に沿岸警備を行うよう命じたものです。

したがって、幕府が命じたのは、鎖国をする、ということではなく、日本船の対外渡航の禁止、外国にいる日本人の帰国禁止、ポルトガル船の追放、ということです。イギリス船は元和九年（一六二三）に平戸の商館を閉鎖して日本貿易から撤退しており、イスパニア船は寛永元年（一六二四）に日本来航を禁止されていますので、日本に来航するのはオランダ船だけになりました。この時点を鎖国の始まりだと考えてよいと思います。つまり、「鎖国」というのは、三代将軍徳川家光の時代に形作られた近世日本の対外関係のあり方だということです。

Q3……鎖国の目的とはどのようなものだったのですか

かつては、日本人の海外渡航の禁、貿易統制、キリシタン禁令の三つが鎖国の本質だと指摘されていました。しかし、寛永年代に形成された近世日本の体制を鎖国だとすれば、その本質は、キリシタン禁令にあります。

朱印船貿易を奉書船貿易とし、さらに全面的に日本人の海外渡航を禁じたのは、海外に日本人を派遣した場合、キリスト教の流入を防ぐことができない、という認識があったからです。貿易統制そのものは、幕府成立時からあります。これは、統一国家が創出された以上、何らかの統制がなされるのは当然で、鎖国の特質とは言えません。

日本の鎖国には、キリシタン禁令を確実なものにするための措置がとられています。沿岸防備体制です。寛永十六年、幕府がポルトガル人を追放した時、諸大名に対して沿岸防備を厳重にするよう命じています。これ以前から、九州・中国・四国地方の諸藩では、海を見渡せる場所に遠見番所を設営し、番所役人を常駐させて外国船が日本に近づくのを監視させています。

中国船やオランダ船は問題ないのですが、それ以外の国の艦船が日本に近づいた場合は、発見した遠見番所から藩、幕府へと知らせがいくことになっていました。こうした沿岸防備体制は、鎖国を維持するために必要なものでした。

寛永十九年と二十年、イスパニア系のキリスト教宣教師団が、日本潜入をくわだてました。これは、上陸と同時に捕縛され、多くは殉教しましたが、棄教した人もいます。その宣教師の葛藤《かっとう》を描いたのが、遠藤周作氏の『沈黙』という小説です。

また、正保四年(一六四七)には、ポルトガル大使を載せた軍船が、長崎に来航しました。この時も、この船を発見した遠見番所からの報告が幕府に続々と届いています。幕府は、国交再開拒否の返答を与え、薪水《しんすい》や食料などを与えて退去させました。寛文一三年（一六七三）にはイギリス船リターン号が貿易再開を求めて長崎に来航しますが、この時も幕府は通商再開を拒否しました。

Ｑ４……なぜ幕府はキリスト教を禁じたのですか

天正十五年（一五八七）、豊臣秀吉は、バテレン（宣教師）追放令を出します。これは、長崎がイエズス会に寄進されていたことや、キリスト教徒になった大名が領地内の神社仏閣を壊し、キリスト教の教会を建てていたことを知ったためです。つまり、ヨーロッパ諸国がキリスト教を布教することによって、日本の文化を破壊することを恐れたのでしょう。

幕府も、ヨーロッパ諸国の侵略性は知っていました。しかし、別の事情もありました。家康がキリスト教の禁令を出した時、その家臣でさえキリスト教の教えを捨てようとしませんでした。これは、封建的な主従関係とキリスト教の信仰が真っ向から対立したことを示しています。秀忠も、家康の路線を継承し、キリスト教徒に対する弾圧を強めました。ところがキリスト教徒の理想は殉教することだったので、幕府の役人が、教えを捨てれば命は助けると誘っても、殉教を選ぶ信者が続出します。しかもカトリック教徒特有の聖遺物信仰のため、殉教した信者の遺骸《いがい》は信者によって集められ、崇《あが》められました。

このため幕府は、処刑したキリスト教徒の遺骸は焼いて灰にし、海に捨てたりしています。こうした誤解もあって、幕府はキリスト教を悪魔の宗教だと恐れ、キリスト教徒の根絶をはかることになったのです。

Q5……鎖国という言葉はいつから使われ始めたのでしょうか

元禄時代に、オランダ商館付き医師として日本に来たドイツ人エンゲルベルト・ケンペルは、二年間長崎の出島に暮らし、オランダ商館長の江戸参府に随行して江戸にも来ました。彼は、日本での見聞を記した草稿を残していました。これが後に英訳され、『The History of Japan（日本誌）』という書名で出版されました。

享和《きょうわ》元年（一八〇一）、元長崎通詞《つうじ》の志筑忠雄《しづきただお》は、この本の一部を翻訳し、『鎖国論』という書名を付けました。これが「鎖国」という言葉の始まりです。

『鎖国論』は、出版はされませんでしたが、写本の形で広く読まれたようです。日本人が、当時の日本の体制を「鎖国」であると記したことは、重要な意味を持ちます。それは、近世日本が、「鎖国」と呼ばれるようなものであると、同時代人が考えたということを示しているからです。

Q6……日本人は外国へ出られなかったのでしょうか

寛永十二年(一六三五)、日本船の海外渡航が禁止されてから、日本人は外国に行くことはできなくなりました。当時は多数の日本人が東南アジアに暮らし、日本町もできていましたが、彼らも日本に帰ることができなくなりました。

もちろん、対馬藩の藩士は、朝鮮との交渉や貿易のため、朝鮮に行くことがありました。しかし、それも釜山《プサン》に設けられた倭館《わかん》に行くだけで、倭館の外には出られませんでした。琉球は、慶長十四年（一六〇九）の薩摩藩による琉球攻めによって、薩摩藩の属国となりました。そのため、薩摩藩の役人が琉球に行くこともありました。

しかし、これらの事実をとらえて、日本人が外国に行っていたとするとすれば、歴史認識において大きな誤りをしていることになります。特定の役を命じられた者だけが、特殊な場所にだけしか行けないわけですから、日本人が外国に行ける体制にあったとは言えません。

Q7……鎖国が始まる前、海外にいた人はどうなったのですか

徳川家康がキリスト教禁令を出し、秀忠に受け継がれて、次第に厳しい弾圧が行われるようになります。三代将軍家光は、特にキリスト教徒に対して厳しい処置をとりました。家光が行った鎖国政策は、貿易統制を目的としたものではなく、キリスト教禁令を貫徹するためでした。

このため寛永十二年以降には、海外在住者が日本に帰ることができなくなりました。この政策がとられた理由は、家光が、海外にいる日本人がキリスト教徒になっているのではないか、という疑念を持っていたからです。

東アジアに広く成立していた日本町の日本人は、次第に現地の人と

同化していったと考えられます。また、寛永十三年には、日本人と外国人の混血児も日本を追放されました。日本を離れざるを得なかった人が、日本にいる縁者に送った手紙は、「ジャガタラ文」として有名です。

Q8……日本国内を行き来できた外国人はいましたか

外国人が、日本国内を自由に行き来することもできませんでした。オランダ人は、最初、平戸に商館を開いていましたが、寛永十八年（一六四一）、長崎の出島に移住することを命じられました。中国人は、長崎市中に住んでいましたが、元禄二年（一六八九）、唐人屋敷が建設され、そこに住むことを強制されました。彼らは、長崎にある中国の寺に詣《まい》ることはできましたが、それ以外は唐人屋敷の区画内しか外出できませんでした。

ただし、例外があります。オランダ人は、寛永十年以降、毎年（寛政二年以降は四年に一回）、将軍に挨拶《あいさつ》するために、江戸参府を行っていました。この時は、長崎の通詞たちに連れられて、出島から江戸まで旅をしました。オランダ人は、商館長を含めて三名ほどでしたが、大通詞・小通詞、長崎奉行所の役人を加え、総勢五九名と決められていました。ケンペルが、『日本誌』を書くことができたのも、こうした経験があったからです。

オランダ人の江戸の宿は、日本橋本石町三丁目の長崎屋源右衛門の屋敷でした。長崎屋には唐人参座《にんじんざ》が置かれており、源右衛門はその役人でした。つまり、長崎の輸入品を扱う江戸の問屋が、オランダ人の宿として使われたのです。オランダ人滞在中は、幕府天文方などの役人がオランダ人にオランダ書籍の翻訳について意見を聞き、また民間の蘭学者たちもオランダ人に会い、教えを乞《こ》いました。

朝鮮は、将軍の代替わりごとに、通信使という使節を派遣してきました。一行は五〇〇人ほどの構成で、正使は後に朝鮮の総理大臣である領議政《りょうぎせい》になるような高官でした。また、一行の中には、一流の学者や絵師などの文化人も含まれていました。彼らは、対馬藩の藩士に連れられ、江戸までのぼり、将軍に挨拶しました。

琉球からも、琉球国王の代替わりや将軍の代替わりに、謝恩使・慶賀使という使節が派遣されて来ました。この使節も、薩摩藩の藩士に連れられ、江戸までのぼりました。

朝鮮通信使や琉球の謝恩使や慶賀使の来日は、庶民にとって、一生に一度あるかどうかの珍しい行事でした。そのため、多くの民衆が彼らの行列を見物しました。特に朝鮮通信使が来日した時は、各地から日本の学者が集まって、彼らと交流しました。

Q9……外国の使節との交渉以外、日本人はまったく外国人と接触しなかったのでしょうか

時には、日本沿岸に外国船が来て、密貿易を行なったり、接触することがありました。一八世紀初めには、貿易許可を得ていない中国船と日本船が、沖合で密貿易を行い、幕府によって唐船打ち払いが命じ

られています。

一八世紀半ば頃になると、オホーツク海まで達したロシア船が、日本の沿岸に出没するようになりました。元文《げんぶん》四年（一七三九）には、ロシアの船が、陸奥牡鹿郡《むつおしかぐん》（宮城県）、安房長狭郡《あわながさぐん》（千葉県）などに立ち寄りました。上陸した地域の住民は、食料や飲料水を供与し、ロシア人からはガラス玉などを受け取りました。

しかし、日本の記録では、ロシア人が勝手に上陸して、大根や水などを無断で持ち去ったことになっています。民衆は、幕府が外国人と物をやり取りすることを禁じていた、つまりは鎖国が国法であることをよく理解していたのです。

Q10……日本の文物はぜんぜん外国に出なかったのですか

鎖国と言っても、日本人が外国に出ていかないだけで、オランダや中国を通して世界と貿易をしていました。当然、外国の珍しい品物が日本に入ってきましたし、日本の文物も外国に出ていきました。

日本からは、最初は銀や銅といった鉱産物が中心で、刀剣なども輸出されました。しかし、次第にそれ以外の品物も輸出されるようになりました。特に、佐賀藩領の有田で製作された磁器は、中国の磁器の産地景徳鎮《けいとくちん》が衰退した後は、その代替品としてヨーロッパに向けて盛んに輸出されました。

また、浮世絵などの美術品も、ヨーロッパへ輸出されました。オランダの画家ゴッホの絵の背景に、日本の浮世絵が描かれていることは有名です。

Q11……日本人は、海外のニュースをまったく知らなかったのですか

一般の日本人は、海外のニュースを知ることはなく、またその必要も感じていなかったでしょう。ただし、幕府は違います。海外での出来事を知るために、オランダ人や中国人には、船が来航するたびに、その船の船長に、海外の動向を知らせるよう義務づけていました。その報告のことを「風説書《ふうせつがき》」と言います。

幕府は、ポルトガル人を追放したため、その報復攻撃があるのではないかと考え、寛永十八年、オランダ船の船長に、ポルトガル人やイスパニア人の動きを知らせるよう命じました。これがオランダ風説書の始まりです。また、中国では、新興国の清が明を攻めていました。その動向を報告させたことが唐船風説書の始まりです。唐船風説書は、林鵞峰《はやしがほう》らによってまとめられ、『華夷変態《かいへんたい》』という書名で書物になっています。

天保十三年(一八四二)、アヘン戦争のことを知った幕府は、オランダ人にその事情を詳しく報告するよう命じました。オランダ人は、通常の風説書とは別に「別段風説書」として幕府に提出しました。このように幕府は、海外の事情をそれなりに入手していました。

オランダ人の報告は、通詞《つうじ》が聞き、日本文で書いたものが幕府に提出されました。西国諸藩では、通詞と連絡を取り、なかば公然と風説書の写しを入手していました。そのため、アヘン戦争の情報などは、幕府だけが独占したわけではなく、世間にも漏れていきました。

Q12……幕府はどうやって通訳を養成したのですか

オランダ人との通訳を「通詞」と書き、中国人との通訳を「通事《つうじ》」と書きます。

最初に日本に来たヨーロッパ人は、イエズス会宣教師フランシスコ・ザビエルです。ザビエルは、マラッカで日本人アンジローという者を知り、日本が布教に適した地だと確信して、天文十八年（一五四九）に鹿児島へ上陸しました。そして、京都、山口、豊後と布教し、五二年にインドに帰りました。その後、ポルトガルから貿易船が来航し、キリスト教の布教と貿易が行われました。その過程で、ポルトガル語を話せる日本人が出てきました。これが、通詞の始まりです。初期のオランダ人通詞も、最初はポルトガル語で意思疎通《そつう》していたようです。それが次第にオランダ語を解するようになり、通詞集団が形成されました。

通詞は、長崎の地役人《じやくにん》、つまり現地で幕府に雇われた専門家集団です。彼らは世襲でしたから、子供たちにオランダ語を習得させ、代々通詞の家が続くことになったのです。

通事も同様ですが、中国人が日本に帰化して通事になった者もいます。東京大学史料編纂所《へんさんじょ》が刊行した『大日本近世史料　唐通事会所日録』は、通事の役所である会所の日誌です。これを読むと、通事がどのような仕事をしていたかがわかります。

Q13……日本以外に鎖国をしていた国はありますか

中国は、清の時代となった時、明の遺臣鄭成功《ていせいこう》に対抗するため、海禁政策をとります。これは、いわば鎖国政策です。

また、朝鮮は、宗主国である中国とは国交がありましたが、ヨーロッパ諸国とは国交も貿易も拒否しています。その意味では、日本以上に厳格な鎖国政策を行っていました。また、日本に対しても、通信使こそ送りましたが、日本の使節が朝鮮国内に入ることはありませんでした。これは、幕府が送らなかったという事情もありますが、たとえ送ろうとしても拒否したでしょう。対馬藩の使節は入国を許していますが、釜山に設けた倭館にしか入れていません。これは、オランダ人を長崎の出島に閉じこめておくようなものでした。

Q14……鎖国によって日本は時代遅れになったのですか

和辻哲郎氏が、『鎖国——日本の悲劇』の中で書いたように、鎖国によって日本が時代遅れになり、ヨーロッパ文明に遅れをとった、という議論はあります。確かに、ヨーロッパの軍艦や武器の進歩は著しいもので、一七世紀段階の武器に依存する日本は、軍事力においては比較にならないほど遅れました。

しかし、一方で、鎖国をしていたことによって日本は、二五〇年以上も戦争のない時代を享受することができました。これによって富が蓄積され、民衆は豊かになりました。また、銀や銅の流出を防ぐため、輸入に依存していた生糸や木綿の国産化がはかられ、開港以後の輸出品の中心になるほど盛んになりました。明治になって来日した女性旅行家イザベラ・バードは、西陣の織物を見て、「フランス人が絶望のあまり死んでしまいそうな絹や錦がかかっている」と絶賛しています。

こうした点は、鎖国がもたらした果実だったということができます。

和辻氏に代表されるいわゆる「鎖国得失論」は、正しい議論の立て方ではありません。近世日本は、数ある選択肢のうちから鎖国を選んだというより、キリスト教の禁止のため、貿易の利益などを犠牲にしてでも鎖国せざるを得なかったのです。いわば、鎖国を選ぶ道しかなかったのです。そして、そのためにポルトガル人を追放したことによって、ポルトガルやイスパニアによる報復攻撃の心配もしなければならなくなりました。沿岸防備体制は、その対策です。これも当時の幕府にとっては必然的な政策でした。「もし鎖国をしなかったら」という設問自体が、実は歴史的には成り立たないものなのです。

本書は、株式会社新潮社のご厚意により、新潮文庫『日曜日の歴史学』を底本としました。但し、頁数の都合により、上巻・下巻の二分冊といたしました。

日曜日の歴史学　上

（大活字本シリーズ）

2022年11月20日発行（限定部数700部）

底　本　新潮文庫『日曜日の歴史学』

定　価　（本体 2,800円＋税）

著　者　山本　博文

発行者　並木　則康

発行所　社会福祉法人 埼玉福祉会

埼玉県新座市堀ノ内 3—7—31　〒352—0023

電話　048—481—2181

振替　00160—3—24404

印刷製本所　社会福祉法人　埼玉福祉会 印刷事業部

ISBN 978-4-86596-550-6

大活字本シリーズ発刊の趣意

現在，全国で65才以上の高齢者は1，240万人にも及び，我が国も先進諸国なみに高齢化社会になってまいりました。これらの人々は，多かれ少なかれ視力が衰えてきております。また一方，視力障害者のうちの約半数は弱視障害者で，18万人を数えますが，全盲と弱視の割合は，医学の進歩によって弱視者が増える傾向にあると言われております。

私どもの社会生活は，職業上も，文化生活上も，活字を除外しては考えられません。拡大鏡や拡大テレビなどを使用しても，眼の疲労は早く，活字が大きいことが一番望まれています。しかしながら，大きな活字で組みますと，ページ数が増大し，かつ販売部数がそれほどまとまらないので，いきおいコスト高となってしまうために，どこの出版社でも発行に踏み切れないのが実態であります。

埼玉福祉会は，老人や弱視者に少しでも読み易い大活字本を提供することを念願とし，身体障害者の働く工場を母胎として，製作し発行することに踏み切りました。

何卒，強力なご支援をいただき，図書館・盲学校・弱視学級のある学校・福祉センター・老人ホーム・病院等々に広く普及し，多くの人人に利用されることを切望してやみません。